新しい視点で考える
犯罪と刑事政策

国際的・比較文化的アプローチ

鮎川潤
AYUKAWA JUN

昭和堂

はじめに

この本を書いて出版しない限り死ねない。そう考えて一五年間取り組んできた。犯罪、逸脱行動、刑事政策、社会問題などをテーマとして、日本社会を考察する。その際、社会科学へのオリジナリティあふれる入門も兼ねる。これが本書のねらいである。

この本の射程は深いが、楽しく智恵と知識を身につけていただけるように工夫した。例えば、第一章の読者への問いかけは、「眠れないときに羊を数えたらどうなると思いますか」である。第三章の問いかけは「『プライド』をどう訳しますか」だ。第七章の問いかけは、「オペラは高級だと思いますか」、「えげつない内容のオペラを知っていますか」といった感じである。

この本がターゲットとしているのは戦後の日本社会である。戦後の日本社会を可能な限り根源的に検討するために、国際的視点、比較文化的視点を取り込むこととした。表層的には近代社会として類似的に見える日本社会と西欧社会との違いを、その淵源をたどって考察し、今後、日本が向うべき方向を探求したい。その際に、宗教は貴重な手がかりを与えてくれる。

また、社会科学の研究者、犯罪や刑事政策の研究者として、留学などをしながら約三五年にわたって研究をしてきたわたしの経験をも盛り込んで、読者と一緒に思索の旅をしたい。

この本では、欧米からの受け売りではない知識を提供したい。とくに自分が目撃したり経験したりしたことを取り入れて考察する。講義などで学生に話してみて、彼らが知らなかった話題を盛り込むように努めているが、一部の読者にとってはすでに既知の内容が含まれているかもしれない。そうした場合にはご容赦いただきたい。また、自分の経験のみでは、範囲が狭められてしまったり、読者と接点が少なくなってしまったりすることが懸念されるため、映画、ミュージカル、オペラ、絵画などの芸術作品の話題も取り込むようにした。

原稿を書きはじめて一五年間、基本的構成はほとんど変わらない。しかし、内容は最新情報である。世界情勢や日本社会の大きな変動、さらに自分を取り巻く教育研究環境の変化などから、各章の中身をバージョンアップしてきた（もし、もっと早い時期に完成し、その内容で出版していれば、予言を的中させた本として話題になったかもしれないと思うと残念な気持ちに駆られなくもない）。加筆訂正という言葉では収まらず、何度も換骨奪胎し、一から書き直した。長年の祈りを込めた願いがようやく実現することにはひとしおの感慨がある。心の底からうれしく思う。なによりも結実に向けて励まし続けてくださった昭和堂の大石泉さんに深くお礼申し上げたい。

読者が、楽しみながら、犯罪学、逸脱行動論、刑事政策を含む社会科学分野における新たな発想法、知見と気づきを獲得してもらうことができれば、これにまさる幸せはない。

目次

第1章　文化への感受性――ことばと思い込み

第1節　この本の視座

大学で社会科学の講義を担当して約三五年になる。日本の学界では、欧米の概念を紹介したり、業績を紹介したりする比率が高いように思われる。とりわけ、欧米の最新動向を紹介することが、注目を集めたり、高い評価を得たりしているようだ。自分自身も、欧米の理論を紹介したり、輸入された概念や枠組を用いて日本社会を考察したりもしてきた。

しかし、自分自身のことも含めて、そのような研究のしかたに大きな不満がある。はたして、そもそもその理論が創造され、注目を集め、評価され、受け入れられることになった、その基にある欧米の社会や文化をきちんと理解したうえで、それらを紹介したり導入したりしているのだろうか。これらの概念は日本の社会を考察するのに適切だといえるのだろうか。自分としては、日本の社会を検討するのに有益な概念しか用いず、適用に疑念を感じるようなものについては、せいぜい発想のヒントを得るだけに留め、自分なりに納得のいく分析を行うように心がけてきた。また、講義においても学生に注意を促し、試験もそうした問題を出題してきた。

日本の社会科学の研究者の論文を見て、不思議な錯覚に陥ることがある。その多くは、海外の最新の研究動向からキーワードやキーセンテンスを取り込んで紹介する内容の論文となっている[1]。短い英語のフレーズを歌詞に取り入れて、ワンポイントのように繰り返し発音して聴衆の気分を盛り上げて、消費している流行歌と変わりないのではないだろうか。

いや、もう少し違うかもしれない。ポップスが一般の人々に好まれて流行したり、熱心なファンが形成されて楽しまれたりして、消費財としての価値を持ち、収入をもたらしたり、国内ばかりか、ときには近隣諸国にも流布して、GDPの増大に貢献したりするのに対して、論文のほうは、市場価値はなく、語句や文を紹介し解説しているもともとの外国の著者からは見られることもないからだ（欧米で高等教育を受け、海外の大学で博士号を取得し、国際的に活躍している一部の日本人研究者を除く）。

逆の言いかたをすれば、外国の解説者が土俵下で、相撲の解説を、日本の解説者の説明を参考にしながら、その解説者の言語で、相撲の決まり手だけは日本語の用語の発音で、解説しているようなものである。

いやこの例はふさわしくない。もしもこの解説者がモンゴル人や東欧の言語などで解説しているのであれば、日本で横綱をはじめとする重要な地位を占めて、中心的に活躍している自国の力士の取組を報道しているのだから。しばしば日本の「国技」といわれる相撲で、日本人の横綱は二〇一七年の稀勢の里まで、一九九八年の若乃花以来誕生せず、日本人横綱の姿を土俵上で見かけることは、貴乃花が二〇〇三年に引退して以降ない状態が続いていた。

アメリカで行われているアメリカンフットボールやバスケットボールの試合を、日本人が日本人視聴者を対象にカタカナ英語を盛り込んで解説しているといったほうがいいかもしれない。アメリカ人選手にとってこれらの日本人解説者など、どうでもいいことで、ほとんど気にかけてもいないであろう。私は、そのようにはなるまいと考えて、日本の状況を考察した著書を執筆する一方で、英語の論文を執筆して、海外の雑誌に掲載されるように心がけてきた。大学や大学院生時代に留学経験がなく、四〇歳近くになって初めて在外研究に出かける機会を得たため、これにはたいへんなエネルギーと時間を要した。また、海外の研究者とも可能な限り交流を維持して深めるように努力してきており、かなりの経済的支出を伴うが、その過程で多くのことを学ぶことができた。二〇一六年に再びアメリカ合衆国へ留学する機会を得たが、滞在する大学は、二〇年以上前に、フルブライト研究員として初めてアメリカの大学へ留学したときに受け入れてもらった教授が現在所属している大学である。

特定の地域や大学に長年にわたって留学したり、長期にわたって頻繁に留学を行うほど裕福ではなく、日本で活躍している外国人研究者のかたがたにははるかにおよばないが、なによりも本や論文だけで理解するのではなく、実際にその国の研究者の日常生活を見させてもらい、研究対象としている国の生活者の目からその国の社会制度が実際的に運用されている様子や果たしている役割について、できるだけ目撃して詳しく知り、理解した上で研究を進めるように務めてきた。

ともかくわが目で観察し、自分で経験して理解した上で論じたい、考察したいという考えに基づいて研究してきた。そうした研究方針、経験や交流を通じて、思わぬことに気づかされたことも多い。それらは外国の社会や制度を理解したり、日本の社会や制度を考察する際に非常に重要なポイントであるにもかかわらず、見逃されてしまっている。それらについてきちんと伝えたい。海外で研究する機会を与えられた自分にはそのような責務が課せられている。このように考えたのが、この本を執筆することになった動機である。少しでもその一端をお伝えして読者の役に立ちたいと願っている。


このようにきちんと自分の眼でまじかに見たり経験して確認したうえで、論文や本を書きたいという基本的な考えは海外のことだけには限らない。

大学時代に講義で、ある教授から、夏休み中に行う調査の参加者の募集に応じて手を挙げたが、まったく連絡が来なかったので、電話で問い合わせ、そのイベントに参加したことがあった。当時はそうした言葉や考えかたはまだそれほど普及していなかったエコロジーを意識した生活、ライフスタイルを唱える若者たちが山麓で開催したフェスティバルに参加したり、少しだけだが、まだ普及してはいなかった無農薬野菜や有機野菜の販売を手伝わせてもらったりもした。

大学院へ進学した後は、日雇い労働者の人々が住む地域に住んで、日雇い労働に出たり、精神病院の閉鎖病棟に院長の許可を得て入院させてもらい、参与観察を行ったりもした。

数多くの中年男性が生き生きと働いていたその町は、高齢者を対象とした福祉ビジネスの街へと変貌してしまった。後者は、もはや現在では許されない種類の調査となろう。スタッフには分からないように依頼したが、付けてもらった病名ではそうした閉鎖病棟には入院できず、また処方してもらっていた薬は、向精神薬ではなかったため、スタッフにも分かってしまっていたようだ。しかし、もっとも早く私が精神病患者ではないことを見抜いたのは同室の患者のかただった。

できるだけ生活経験から検討したいというのがわたしの研究の基本方針であったため、留学を早くから希望していたが、ようやくそれが叶ったのは、先に述べたように四〇歳になる直前であった。最初に留学したのがスウェーデンのストックホルムで、法務省の調査研究機関であるスウェーデン犯罪防止委員会であった。次がアメリカ合衆国イリノイ州の南イリノイ大学へフルブライト研究員として派遣された。日本はアメリカ合衆国との交流が多く、学問の領域でもその影響が強いことと、アメリカ合衆国へは一年に複数回学会出張をしているため、その後の留学先としてはヨーロッパを選択し、英国のケンブリッジ大学とオーストリアのウィーン大学で研究してきた。なお、二〇一六年には、再びアメリカ合衆国、今度はデラウェア大学へ留学した。

以上のように、留学先は欧米だが、元来はアジアについての関心と志向が強く、最初の海外旅行は、長年にわたって憧れていたインドであり、デリー、ボンベイ（ムンバイ）、アーグラのタジ・マハールなどを訪ねたり、ベナレス（バナラシ）で人々が沐浴したり、河岸で火葬が行われているのを見たりした。ヨーロッパはもとより、アメリカ合衆国へ足を踏み入れる以前に、東南アジア諸国へ行っており、バンコクでは湿地帯に形成されたスラムを参観した。

また、大学間の教員の交換交流として中国東北部の吉林省や上海近くの江蘇省の大学へ複数回派遣された。ハルピンへも二度行って七三一部隊の博物館を訪ねたり、瀋陽の九・一八（満州事変）を忘る勿れとする博物館を訪ねた。朝鮮民主主義人民共和国との国境に行って、対岸から北朝鮮の領土、建物、人民の様子を見る機会を得たりもした。

中東は、イスラエルとトルコ、中南米は、パナマ、コスタリカ、ペルーとボリビアへ国際会議や旅行で行っている。アフリカは、ケニアで女子少年の矯正施設を参観した。

本書では、欧米の制度や現象に言及することが多くなると思われるが、筆者はそもそもアジアへの志向が強かったこと、さらに現在においてもその志向は強く、関心を持ち続けていることをお知りおきいただければたいへん幸いである。

第2節　ジューン・ブライド

「ジューン・ブライド」――この言葉の響きは、若い女性を魅了する特別な力を持っている。結婚するならジューン・ブライドになりたいと願っている若い女性は少なくない。六月の花嫁は幸せなカップルのシンボルである。

結婚観が変化してきたとはいえ、六月にジューン・ブライドとなって、純白のウェディング・ドレスを着て結婚式場のチャペルや教会で結婚式を挙げることに憧れる若い女性は多い。正確には、結婚式というよりもその後の披露宴で、お色直しをして、ウェディング・ドレスから文金高島田の和服の結婚衣装を身につけ、最後にパーティー・ドレスに着替えなど、日常では着ることのないさまざまな衣装を身につけることを楽しみにしているのかもしれない。衣装を選ぶのは、結婚相手を選ぶほどには深刻にならずにすみ（？）、それでいて、迷うことを幸せな気持ちのもとで楽しむことができる、胸を弾ませるひとときなのであろう。

結婚予定者をターゲットとした、結婚までの段取りに関する情報提供をしたり、結婚式場というよりも実は披露宴会場の紹介を兼ねた雑誌では、必ずジューン・ブライドの大きな特集が組まれている。なぜ「ジューン」ブライドなのだろうか？　確かに六月の神ジュノーは豊穣の女神である。

しかし、スカートのすそが幾重にもなって大きく広がっている、重さのあるウェディング・ドレスを、わざわざ湿度の高い六月に着なくてもよいように思われるのだが。さらに、重ね着をして、頭にも重いものをつけ、重量が大きく増える和式の結婚衣装を非常にしっかりしたメイクアップをして着るなど、ほとんど拷問に近い苦行（？）になるかもしれない。また、披露宴に参加する親類縁者の女性たちのうちで、中高年の女性の多くは紋付の和服で参加するのを例としているようだが、これとて雨が多く、暑くて、湿度も高い時期には着たくないであろう。

どう考えても「ジューン・ブライド」というのは本人たちにとっては好ましくなく、周囲にとっても迷惑な選択に思われる。それにしても、なぜ「『六月』の花嫁」なのだろうか。

この謎が解けたのは、アメリカ合衆国に留学していたときに、お世話になっていた教授が自分の結婚について、自分の妻を「ジューン・ブライド」だと語ったときだった。

第二次世界大戦後、二人は、二人が学んでいた大学のキャンパスで出会い、交際を続け、二人が卒業した直後の六月に結婚式を挙げたということだった。恋人として学生時代を過ごし、卒業して社会人の資格を得ると同時に待ちかねたように結婚して、二人の新婚生活を開始する。それが「ジューン・ブライド」の起源だった。

大学での交際、大学の卒業直後の結婚、その時期が六月になるというのが理由だったのである。それはアメリカ合衆国やヨーロッパでは、八月末に新年度が始まり、五月にその年度が終わるという学年歴となっているところに根拠がある。

日本ではどこにも結婚式を六月にする根拠やメリットはない。背景にある制度の違いが完全に無視されて、表面的に言葉と現象だけが輸入されて、誤解の上に、商業化されて広まっていったと考えられる。

あえていうならば、日本ならば「マーチ・ブライド（三月の花嫁）」ということになるだろう。日本の場合は三月下旬に卒業式が行なわれ、すぐに、四月一日から一般企業、官公庁、学校をはじめとして、新年度が始まるため、非常に慌しいスケジュールとなるが……。

三〇年ほど前の話になるが、実際にわたしはゼミ生の三月の花嫁の結婚式と披露宴に参加したことがある。ただし、当時、勤務していたのは女子大であり、そのゼミ生は、高校時代に出会った男子学生と大学時代も交際を続けて、結婚に至ったものだった。

卒業して会社などに勤務していれば、会社の上司などが主賓として招かれたのであろうが、社会人として知っているのはゼミの担当教員であるわたしくらいしかいないため、呼んでくれたのであろう。

今は、結婚式や披露宴に呼ばれることはほとんどない。初婚年齢は上がり、今や二九・四歳となっており、何年もの職場経験をしてから結婚する。

大学は遠い昔の思い出の一つであり、その後の社会生活のほうが人生における大きなウェイトを占めている。親しかった学友やクラブやサークルの友人には出席を求めても、週に一回一時間出席しただけのゼミの教員を呼ぶことなどまったくメリットはない。

それにしても、わが国における「ジューン・ブライド」は、それを支えている制度の違いが完全に無視されて、誤解の上に日本に輸入され人々の意識に普及し、現在まで幅広く行われてきているものといえよう。

数年前、アメリカ合衆国の友人の息子の結婚式に招待された。大きなカトリックの教会で式が行われ、披露宴は眺めのいい、ヨーロッパの古城を思わせる由緒あるゴルフクラブで行われた。花嫁はジューン・ブライドであった。専攻は異なるが同じ大学の大学院生だった。

新郎新婦にそれぞれ数人ずつの同性の幼な友だちや中学高校時代のクラスメイトが行列して入場してきて証人のように付き添って式を挙げるのも不思議な光景であった。オリジナルなジューン・ブライドと比較すると、高学歴化して年齢は上がっており、妻が結婚後家庭に入って専業主婦になるわけではないが、このようにしてジューン・ブライドの慣習は引き継がれているのだと思った。

第3節　羊を数える

ベッドに横になっても、またはふとんに入っても眠ることができないとき、どうするだろうか。眠れないときには羊を数えるとよい、そうすれば眠ることができるという話を聞いたことはないだろうか。

二〇一五年六月頃、NHKラジオ放送第二の「ハングル講座」を聞いていたら、この話題が出て、先生の質問に対して、番組で模範となる発音をする韓国人男性が、羊を数えると答え、韓国人女性である先生が肯定的な受け答えをしていた。さらに、そのネイティブ・スピーカーの韓国人男性は九九匹から逆に数えると言っていた。

羊を数えて眠るという方法は、日本だけではなく、アジア諸国でも普及していると推測される。

三五年ほど前、初めて就職した大学で、文芸部の学生が、自分が作ったいくつかの詩を見せてくれた。とても素敵な詩だった。

そのうちの一つの詩は、

羊が一匹……、羊が二匹……、羊が三匹……、と数えていくものだった。

いうまでもなく、この詩も、眠れないときに、羊を数えると眠ることができるといわれていることに基づいて作られたものだった。ただ、その詩は、羊を数えて寝ようとしても、雑念がいろいろ思い浮かんできて、なかなか眠りにつけないというものだったように記憶している。

それもそのはずである。そのように（日本語で）数えていたのでは、絶対に眠ることはできないと考えられるからだ。

しかし、英語で、単複同型となる羊（sheep）を、“one sheep, two sheep, three sheep……”と数えていけば、眠りに導かれるかもしれない。

「シー」という音が静謐感をもたらし安らかな眠りへ導くのかもしれない。さらに、何よりも、sheep は sleep に近い。もし「sleep」という語そのものを言い続ければ、かえって寝ないといけないとか、なんとか寝ようというように意識して、覚醒してしまったり、寝付かれなくなってしまうかもしれないが、むしろその語ではなく、それに近い発音の言葉を言っているうちに、自己暗示というか自己催眠をかけるかたちで、スヤスヤと眠りにつくことができるかもしれない。唱える言葉は「ひつじ」ではなく「sheep」でなくてはならない。

ただし、さらに、もう一つだけ条件があると考えられる。

もし、sheep が英語で「羊」ではなく、「山羊」を指す言葉であったとしたら、同じ発音であったとしても英語圏の欧米人にとっても眠れないのではないだろうか。聖書では、もし一匹の羊が野に迷っていなくなったならば、羊飼いは九九匹の羊をその場において、その一匹の羊を探しに行かないだろうかと語られている。夏目漱石の小説『三四郎』のなかで、美禰子が「ストレイ・シープ」とつぶやくのを思い出す読者もおられるかもしれない（「マタイによる福音書」第一八章第一二―一四節、「ルカによる福音書」第一五章第四―七節）。

「羊」は聖書に出てくる中心的な家畜である。イエス・キリストは羊飼いに、信者は羊になぞらえられたりもしている。羊は人間に従順な動物として描かれている。

これに対して、聖書では、「山羊」は、横着で飼い主の言うことを聞かない動物だとされている。聖書では、最後の審判で、羊と山羊は分けられて、羊は神の右に置かれ、山羊は神の左に置かれ、一方は天国へ、他方は永遠の業火へと送られることになっている（「マタイによる福音書」第二五章第三二―四六節）。

いくら「one sheep, two sheep, three sheep……」と唱えていったとしても、そのたびに山羊のイメージが頭に思い浮かんだのでは、英語のネイティブ・スピーカーといえども、なかなか「sleep, sleep, sleep……」と安らかな眠りに至ることができるようには思われない。

同様に、まったく冗談のような仮定だが、まして、ライオンとか狼という英語の単語が「sleep」という単語に似た発音であったとしたら、これをいくら数えて唱えたとしても、眠りに誘われるということはないように思われるが、どうだろうか。

なお、ハングルというか、韓国・朝鮮語で「眠る」は「잠들다」であり、あえてカタカナで表記す

れば「チャミドゥルダ」と発音され、「羊」は「양」であり、同じくあえてカタカナで表記すれば「ヤン」と発音される。「羊」はややソフトな発音ということができるが、「眠る」とはまったく異なる発音である。わたしには、この韓国・朝鮮語の「羊」を数えると自己暗示にかかりやすくなり、いつの間にか眠りに誘われていくというようには思われないのだが、いかがであろうか。

羊を数えて眠るという話は、国際的に誤解が広まってしまっており、言語と文化の異なる地域で、間違った慣習が同様に形成されてしまっているようだ。効果が得られるとは思われない方法を正しい方法と思い込み、一生懸命に何度も繰り返して、なんとか寝ようとして涙ぐましい努力をするものの、やはり眠りにつくことができないというのはいかにも残念なことである。

三〇年以上前にふと気がついたことを、今頃になって改めて語ってしまい申し訳なく思う。ただ、わたしたちは、これに限らず、いろいろな場面や状況で、言語的な、また文化的な相違や根拠に気がつかないで、この羊を数えるのと同じようなことをしてしまっているのではないだろうか。

第4節　サンタ・クロース

子どもたちにクリスマス・プレゼントを運んでくれるサンタ・クロースはどこから来るのだろうか。昔のまきを燃やしたストーブで暖を取っていた時代ならば、煙突はあったかもしれないが、今やエアコンやファンヒーターのスイッチを入れて暖房しており、家には煙突はなく窓は締め切られているし、ましてマンションであれば、パスワードを知っていないと共同の玄関からは入ってこられないようになっている。いったいどのようにして子どもが靴下を飾ったところまでとか、子どもの枕元まで入って来て、プレゼントを置いていくことができるのだろうか、と質問しているわけではない。

サンタ・クロースはどこに住んでいるのか。どこからクリスマス・プレゼントを赤鼻のトナカイが引くそりに載せてやってくるのだろうか。

雪の上をそりでやってくるのだから、北のほうから来るにきまっている。そうなると、候補としては北欧からに違いないということになる。スウェーデンの北部のラップランドなのか、フィンランド北部の森の奥なのか、はたまたデンマーク領となっているグリーンランドなのか、について論争があるようだ。日本に乗り入れて、ヨーロッパへの北回り路線を運行しているフィン航空がクリスマス・キャンペーンを行っていることもあって、日本ではフィンランドに同意する人が多いのではないだろうか。

しかし、改めて、サンタ・クロースはどこの人か？　サンタ・クロースとはそもそも誰なのかと聞かれたら、どうだろう。やはりフィンランド人という答えになるのだろうか。

サンタ・クロースとはサンタ・クラウスであり、実は、セ（イ）ント・ニクラウス（セント・ニクラス）のことである。セント・ニクラウスは、カトリックの聖職者・司祭である。頭に「セント（サンタ、聖）」がついているように、聖人の一人に列せられている。

セント・ニクラウスは特別な能力を持った司祭であった。奇跡で、さまざまなものを子どもたちがほしがるものへと変えたり、子どもたちがほしがるものを作り出したりする能力があり、それらをプレゼントとして子どもたちに与えていた。そのこともあって、セント・ニクラウスは子どもたちにたいへん人気があったようだ。セント・ニクラウスのところにはいつも子どもたちが集まり、彼が移動するときには子どもたちはその後ろをついて歩き、いつも行列ができるほどであったという。

セント・ニクラウスは聖人に列せられているため、一二月六日または一二月一九日が、セント・ニクラウスの記憶日とされている。ドイツのカトリック圏では、クリスマス・イブとは別に、この日にサンタ・クロースから子どもたちへのプレゼントが渡されるようだ。オランダ人の友人の社会学者によれば、オランダではカトリック、プロテスタントを問わず、クリスマス・プレゼントは、セント・ニクラウスの日に子どもに渡すのが中心であり、クリスマス・イブのプレゼントはそれに付加する形で家族内で行われているとのことである。

さて、このセント・ニクラウスはどこに住んでいたのだろうか。答えは、ヨーロッパではなくアジアであり、トルコの南側のすなわち地中海岸の町ミラだ。紀元三世紀後半に生まれ、その後四世紀半ばまでミラにある由緒ある教会の大司教であった。

とりわけギリシャ正教やロシア正教では、セント・ニクラウスは深く尊敬された聖人であるため、ミラの町には正教徒の巡礼が絶えない。一時期、水没したため、それを発掘して復旧させたミラの教会の内壁にはフレスコ画が修復されており、数多くのロシア正教や、ギリシャ正教の巡礼がセント・ニクラウスを慕って訪ねてきている。教会の周辺には、セント・ニクラウスをはじめとする聖人たちのイコンを売る店や土産物店が数多く軒を並べており、わたしもロシア人の信仰心の篤さというか購買意欲の強さに驚いた。近くには、セント・ニクラウスの大きな銅像も建てられている。

なお、セント・ニクラウスは、子どもたちへの施しばかりではなく、社会的に恵まれない貧しい人々への援助をしたことで知られている。さらに、冤罪で苦しむ人を助け、その生命を救ったり、名誉を回復したり、拘束を解いたりした聖人としても尊敬されている（オランダなどでは、セント・ニクラウスは海運の守護神としても崇められているとのことである）。なお、サンタ・クロースというと、袖口とすそに白いフリンジがついた真っ赤な柔らかい生地のほかほかした服を着て、同じように真っ赤で縁が白い帽子をかぶり、白いひげを生やしたふくよかで、気前がよさそうで、人がよさそうなサンタ・クロースの姿を思い浮かべる人が多いと思われる。このサンタ・クロースのイメージは、アメリカ合衆国の清涼飲料水メーカーの広告宣伝によって世界的に広まったと考えられており、コマーシャルの影響力の大きさに気づかせてくれる興味深い現象である。

本章では、身近な例として、「ジューン・ブライド」、「羊を数えて眠る法」、「サンタ・クロース」の三つを取り上げて、わたしたちがいつの間にか陥りがちな先入観について——著者の簡単な自己紹介の後に——考察した。

正しい知識を得るためには、（一）一般に信じられていることをそのまま受け入れないで精査すること、（二）とりわけ少し不思議に思ったり、違和感を持ったりしたときに、それは自分の勝手な思い込みに過ぎず、大勢の人々が思い込んでいることが正しいというように考えて、せっかくの自分のひらめきを安易に捨ててしまわないで、自分なりにこだわって調べてみること、(二)調べるにあたっては、それらの事象が発生したり作り出された元々の社会の文脈、その社会の制度や慣習、歴史的背景へ置き戻して再検討すること、その際に言語を含む文化について十分に留意して考察することが有効であること、を示唆した。このことが少しでも読者に伝わったとすれば本章の記述は成功したといえよう。

〔注〕

(1) 今や、本を全部読まなくても、いや本の一部だけ読んで、キーワードやキーセンテンスを引用したいのならば、本を買ったり、手許に置いたり、一章や一節を読む必要もない時代になっている。google検索をして、ヒットした項目のなかから、アマゾンの書籍のうち、関連のある本をクリックすれば、その本の該当箇所がディスプレイに表示されるので、あとはそれを引用しさえすればいいだけという恐ろしい時代になってしまった。

第2章　宗教——キリスト教への理解

はじめに

第一章では、常識として流布されていることを鵜呑みにするのではなく、自分で調べ直してみることの重要性を身近な例を用いることによって指摘した。日本人の日常生活に定着しているものが、欧米の文化や制度に起源を持ちながら、それらが誤解されて日本において実行されていることなどを示した。

世界に眼をやったとき、「アラブの春」と呼ばれる、チュニジアから始まりリビア、エジプトへ波及した変革運動が、結果的に北アフリカ諸国に混乱をもたらしている。シリアやイラクをはじめとする中東諸国の紛争は終局の兆しを見せておらず、これらの国々からヨーロッパへ難民が押し寄せた。当初受け入れの姿勢を見せたEUはその数の多さに、戦闘地域からの難民と、それ以外の地域から経済的理由によって移住を求める「難民」とを区別し、前者のみの受け入れに絞ったが問題の解決にならず、ＥＵの外のトルコに難民キャンプを設営して、そこで厳格化された審査を行うこととした。

ＥＵの加盟国は、人々が自由に移動できるように国境をなくし、自由に移り住んで労働することを理念としていたが、押し寄せる難民への対応から、旧ユーゴスラビアのバルカン諸国は国境にフェンスを設置することとなった。

一九八〇年代末に東欧社会主義国やソビエト連邦が崩壊して以来、ヨーロッパや地中海諸国、さらに中東諸国をはじめとする地域で歴史的転換と混乱が起きているが、それらの要因や背景の一端として宗教があることは否定しえない。

この章では、第一章とは異なり、よりアカデミックなトピックを取り上げ、日本が古来の伝統としては持っていなかったり、明治維新までに受容され同化されるに至らなかった種類の宗教――キリスト教など――に関する知識の重要性を確認したいと思う。このことによって、第三章以下の考察にあたって分析の視点の伏線を提供し、イントロダクションとしたい。

第1節　真理

地方から東京の大学へ進学したとき、一日も早く行って入りたくてたまらない場所があった。しかし、そこは当時二〇歳になるまでは入ることができなかった。現在は一八歳から入ることができる。それは、パチンコ屋ではなく、また性的サービスを提供する風俗営業店でもない。どこかお分かりになるだろうか。答は、国立国会図書館である。

公職選挙法が改正されて二〇一六年に施行されたので、この図書館が大学生はもとより、参政権を獲得した一八歳以上の人が利用できるようになった。もちろん日本国籍を持たない人も利用できる。法律で、外国人による著書も含めて日本で出版されたすべての本は、必ず一冊この図書館に寄贈することが定められているため、戦後出版されたすべての本はこの国立国会図書館に所蔵されている。国会に付設された図書館であるため、国内ばかりではなく、立法資料として役立つと考えられる外国で出版された書籍や雑誌などの資料なども所蔵している。

当時、この図書館は、到着するのが遅かったり、運が悪かったりすれば館外に長い列ができていた。ようやく入館したのちも、図書は開架式に配列されていないため、閲覧希望図書を用紙に書いて申し込み、本が書庫から出されてくるまで長い時間待って、本や資料を読むことになる。待っている間に、ふと貸し出し台の上を見てみると、「真理がわれらを自由にする」と書かれていた。それを見たとき雷に打たれたような衝撃を受けた。

学ぶとは真理を獲得することであり、そのことによって私たちは自由を得ることができ、そして自由を守ることができる、ということだと思った。

もう少し詳しく述べれば、この文字は、より正確には貸し出しカウンターの上、三メートルくらいのところだったと思うが、打ちっ放しのコンクリートの表面のようなデザインの壁が下がってきており、その端に、日本語とギリシャ語の両方で「真理がわれらを自由にする」と掘り込まれて書かれていた。

先に少し触れたが、この図書館では、当時、申し込んでから本が出てくるまで長い時間待たされた。今は医薬分業で少なくなったかもしれないが、大きな病院で処方箋を提出してその電光掲示板に番号が掲示されるのを見ながら待っているのに類似している。そのまま自分がもらった番号以降の番号に掲示の番号が変わるのを待っていたり、別の読書室の自分の机ですでに出された本を読み、勘を働かせてそろそろ出庫されるのではないかと思われるころに番号を確認に戻ってきて、出庫された本を受け取っていた。閲覧を申請中の本の冊数に制限があり、早く受け取れば、次の本を申し込むことができるので、貸し出し台の前で今や遅しと待つこともあった。(1) そのため必然的にこの言葉が目に入ってくる。

ギリシャ語が記されているので、ソクラテスかプラトンといったギリシャ哲学者の言葉ではないかと推測していた。しかし、その後十余年を経たのち、その推定がまったく違っていたことが分かった。公共の建物であるし、ましてや国会の付属施設であるので、宗教となんらかの関係がある文だと思いもしなかった。

この言葉はキリスト教、しかも聖書と関係するものであった。そのことを知ったのは、キリスト教の宣教師によって礎が築かれた大学に教員として就職してからのことだ。聖句の一つとして「真理があなたがたを自由にする」という言葉が提示されているのを見て、その類似性に気がついたからである。

それはヨハネによる福音書の第八章第三二節によるもので、そこには「あなたたちは真理を知り、真理はあなたたちを自由にする」とある。権威への服従ではなく、自分自身による真理の探究への限りない努力が、自由に至る道であるという考えが聖書に含まれていると考え、感銘を受けた。

しかしながら、その前の、第三一節から見ていくならば「イエスは、御自分を信じたユダヤ人たちに言われた。『わたしの言葉にとどまるならば、あなたたちは本当にわたしの弟子である。あなたたちは真理を知り、真理はあなたたちを自由にする』」と書かれている。したがって、イエスの言葉を信じることが要件だということになり三一節から見た場合には、真理が、知識に属するものではなく、信仰の問題とされてしまうことになりかねない。正直に言って、この国立国会図書館の句にとまどいというか、多少の胸騒ぎというか、気がかりな気持ちが芽生えなくはなかった。というのは――わたし自身の個人的な信仰の問題は別にして――信仰のいかんにかかわらず、等しく通じる真理があると考えるからだ。その上でそうした真理を、公共の施設であり、日本において最も知識が集積されている場所において、多くの異なる信仰を持つ人々に対して、その探求を勧めることが望ましいと思ったからである。

しかしながら、以下の二つのことから、わたしの懸念は杞憂といってもよく、この言葉は普遍的な価値を持つ命題として掲げられているといってよいであろう。まず文の語句が、「あなたたちを」ではなく、「われらを」となっていることによって、主客の逆転がなされ、聖書とは異なる意味を持ったと考えてよい。誰かから真理とされることを教えられたり与えられたりして、そのことをそのまま受け入れるという受動的な意味ではなく、われわれが主体的に学び取る真理がわれわれを自由にするという意味になっていることである。

また、今回本書を執筆するにあたって、この言葉について当の国立国会図書館はどのように解釈しているのだろうかと調べたところ、国立国会図書館のインターネットのホームページで以下の説明が掲載されているのが分かった。

「なお、この言葉は、法案の起草に参画した羽仁議員がドイツ留学中に見た大学の銘文に由来し、その銘文は、新約聖書の「真理はあなたたちを自由にする」（Η ΑΛΗΘΕΙΑ ΕΛΕΥΘΕΡΩΣΕΙ ΥΜΑΣ　へー　アレーテイア　エレウテローセイ　ヒュマース　ヨハネによる福音書八：三二）に由来するといわれています。」（稲村徹元・高木浩子「「真理がわれらを自由にする」文献考」『参考書誌研究』三五号　一九八九年二月　一頁〜七頁）

ここで、国立国会図書館法の法案の起草に参画した羽仁議員というのは、戦後の民主化の理念に燃えて学者の国会議員が誕生した時期に、参議院議員になったドイツ史の研究者で大学教授の羽仁五郎のことだと考えられる。

わたしは大学紛争以後に大学に入学した世代であり、政治の季節の学生ではなく、それ以降の、学生たちによる大学キャンパスや校舎のバリケード封鎖が解除された後の、当時いわゆる「しらけ世代」と呼ばれていた年代の人間である。しかし、当時の知識として羽仁五郎が書いた『都市の論理』は学生運動のとりわけ全学連の立場に立つ学生たちにとって、理論的支柱となる一冊として扱われ、羽仁五郎自身も新左翼系の支援集会に来て演説を行っていた人物という記憶がある。羽仁五郎は、戦前からマルクス主義の歴史観に基づく研究を行っており、治安維持法違反容疑で逮捕されて大学教授を辞職したりしている。こうした活動から考えてみると、羽仁五郎が熱心なキリスト教徒であるとは考えにくく、むしろキリスト教や宗教に否定的な評価を与えるマルクス主義の立場に立つ研究者であると推定される[2]。

そのため、国立国会図書館に掲げられたこの言葉は、「あなたがた」を「われら」へ変更するとともに、特定の宗教が真理を独占しているというものではない、普遍的な言明として提示されていると考えることができよう（なお、「真理はあなたたちを自由にする」（傍点――引用者）という言葉は、現在わたしが勤務する大学の図書館の玄関に――さほど目立たない位置であるが――その出典とともに掘り込まれている）。

第2節　「よきサマリア人」

「good samaritan」、「よきサマリア人」という言葉をご存じだろうか。

『新約聖書』において、信者に勧められている主要な行為の一つが「隣人愛」である。「隣人愛」という言葉はよく耳にするが、隣人愛を象徴的に示す事例であり用語でもある「good samaritan」、「よきサマリア人」については、日本ではそれほど知られていないように思われる。しかし、欧米のキリスト教文化においては非常に熟知された言葉であり、日常会話やニュースなどにもしばしば登場するとともに、「よきサマリア人」の理念によって制定された「よきサマリア人法」という法律もある。

これは、「よきサマリア人」が分からないと、何のことか予想がつかない。おそらく一般の日本人の多くの人にとっては意味不明であろうが、キリスト教文化圏で育った人であれば、おそらく幼稚園児でも「よきサマリア人」の言葉は、そのたとえ話の内容とともに耳にこびりついており、たちどころに聖書を思い出して理解する類の言葉である。

『新約聖書』のルカによる福音書の第一〇章にある。道で追いはぎにあって倒れている人がいた。そこをユダヤ教の祭司が通りかかったが、関わりになりたくないと、その人を避けて道の向こう側を通り過ぎていった。次に、祭司の下位にあって宗教的公務を果たすレビ（人）が通りかかったが、同様に避けて道の向こう側を通り過ぎて行った。次に、その人と宗教的にまた民族的にも対立関係にあるサマリア人が通りかかった。このサマリア人は、追いはぎにあった人の傷の手当などをして、けが人を自分のロバで近くの宿にまで連れて行き、宿主にお金を渡して世話をするように頼んだというものである。

隣人愛を実践したのは同じ宗派で、尊敬を受けており人々の模範となるはずの宗教的指導者ではなく、見ず知らずの疎遠どころか対立的な関係にさえあるサマリア人であったというものである。

正確には、ある律法学者が永遠の命を得るにはどうしたらいいかとイエスに質問してきた。これに対して、イエスは聖書にはどう書かれているのかと質問を投げ返す。律法学者が、神を愛し、隣人を愛しなさいと書いていると答え、イエスが行ってあなたもそのようにしなさいと答えた。これに対して、律法学者が、隣人とは誰かと重ねて聞いてきた。そこで、イエスが「たとえ話」をして、これらのうちでだれが隣人と思われるかと尋ねるものである。

善意に基づいて通りがかりの人や同席した人を救助して、その人が一命を取り留めたり、けがを治癒して終われば、話しはめでたしめでたしで終了する。

飛行機（や新幹線などの長距離列車）で「乗客の中に、ご気分がよくないかたが出ました。お医者さまか看護師のかたはいらっしゃらないでしょうか。いらっしゃいましたら近くの乗務員までお知らせください。」というアナウンスを聞いたことがないだろうか。

あなたがそうであったら、名乗り出るであろうか。自分の通勤、通学路、あるいはどこかの行きがかりの場所で、倒れている人を発見したらどうするであろうか。携帯電話で救急車を呼ぶだけではなく、救急車が到着するまでに、その人の状態が好転すると分かっている最大限のことをしようと思うだろうか。

たとえ助けるのが望ましいと分かっていても、助けてあげたいと思ったとしても、相手の状態は分からず、治療に十分な医療器具が準備されていなかったり、自分の専門分野とは異なっていたりして症状や病状が悪化したり、ましてや最悪の結果がもたらされたりしたらめんどうなことになると考えて、関与を差し控えるということが実際に起きている。

ひょっとして、たとえ医師法等が定めている、治療が求められた場合にはそれを拒否してはならないという応召義務の範囲に含まれるのではないかと懸念したとしても、（そこには罰則規定は定められておらず）名乗り出るのは避けたいと思うであろう。いや、応召義務には該当せず、自主的に名乗り出て治療などを行った場合は、民法によって「悪意や重大な過失がなければ」治療行為によって生じた「損害を賠償する責を負わない」と定められていることを知っていたとしても、やはり本人や親族から不法行為をしたとして損害賠償を請求する訴訟を起こされたり、万が一にも刑事罰に問われたりしたらたいへんだと考えて、関与を避けたいと考えることは十分に起こりうる。

こうした不安から援助の手を差し伸べるのを躊躇しなくてもすむようにと定められているのが、「よきサマリア人法」である。欧米の法律一つ理解するのにも、キリスト教の背景的な知識が必要である。制度や法律ばかりではなく、日本人が知らないうちにキリスト教や聖書の影響を受けているものも多い。

上記の例のように、こうした状況は専門的知識と技能を持った医師などには限らず、一般の人も経験するジレンマである。身近な例として、たとえばＡＥＤが大学のキャンパスや校舎内に設置されるとともに、駅など公共の建物にも設置されているのを見かけるようになった。この器械は心臓が停止した場合に、心臓の心室細動を除去する器具である。

わたし自身も、大学で一回講習は受けた。やってみて、確かに単純な作業だと思ったが、いざというときにきちんとできるという自信はない。

駅に設置されたＡＥＤがそれよりも一回り大きなボックスに収納されて、棒の上に載っている場合には何も書かれていないが、床から長方体を立てたような収納庫に入っている場合には、「簡単であり、器械装置を出した後に、そこに書かれている説明のとおりにすればいい」と表記されてはいるが、それに触ったことのない人であれば、なおさら躊躇する気持ちが先に立つであろう。

現代日本社会では、ボランティア活動を行う団体や組織の一員として参加することによって、他人に対する援助活動を行うことは容易になってきたが、純粋に個人として他人を助ける行為をすることはむしろ容易ではなくなってきているようにも思われる。

道で困っている人を見かけたときに、以前であれば気軽に声を掛けたり援助の手を差し伸べたりしたが、今は、声を掛けて誤解されたらやっかいだとか、援助されることを望んでいない場合もあり、かえってこちらの善意に反発されるかもしれないとか、相手が変な人だったり、外側から見て推測されることとは異なって事態が複雑で深刻なことが判明した場合に、面倒なことに巻き込まれることになるのがいやだと考えて、声を掛けないで、見て見ぬふりをして通り過ぎようとしたりすることが増えているように見受けられる。

見ず知らずの人に対しても、助けたいという素直な気持ちに基づいて、ためらわないで行動できるような法整備が行われない限り、公共の場所に設置されているＡＥＤが有効に利用されることは期待できないのではないだろうか。いうまでもなく、このことはＡＥＤに限らない。

英国やアメリカ合衆国、さらには旧イギリス連邦の国々では「よきサマリア人法」が制定されている。アメリカ合衆国は州によって、刑事責任はもとより民事裁判を免責される項目や程度が異なって定められている。それゆえにかえって参考になる面も多い（アメリカ合衆国では日本よりも薬物乱用が広く人々の間に浸透しているため、過剰服用によって生命が危険な状態に陥ることも起きている。そうした場合に、現場にいる身近な人が迅速に対応しさえすれば一命を取りとめることができる。こうした点からも「よきサマリア人法」はより有益に機能しうると考えられる）。

さまざまな場面において、人々が互いに援助の手を差し伸べることをためらう必要がない社会的条件が整えられていくこと、とりわけ法律的に整備されていく必要があるように考えられる。

第３節　教誨師

大学の教員としてわたしは、本や論文を読むことに多くの時間を割いてきた人間である。しかしながら、机上の知識がいかに危ないものかと考えさせられることがある。その例を以下の二つの節で紹介することとしたい。

日本の刑務所や少年院には、教誨師《きょうかいし》や篤志《とくし》面接委員がいる。篤志面接委員は、たとえばコーラスや楽器指導、あるいは短歌、俳句などの文化指導など、受刑者や収容少年の情操の安定が図れるような活動を民間ボランティアとして支援している。

教誨師は、僧侶や牧師、神父などが、信仰に関心を持つ受刑者や少年の要望に応じて、講話を行ったり、宗教的な関心に応えて個人的に話を聞いたりする教誨活動をする。教誨師も僧職者のボランティアで、全国教誨師連盟に所属する各宗派からの推薦を受けて任命が行われている。例えば、被害者を死亡させるような重大な事件を行った受刑者にとっては、その命日におまいりをしたいという要望に応えられるようにしている。仏教、キリスト教、神道に加えて天理教などの宗派の教誨師がいる。仏教では浄土真宗と浄土宗で約半数を超え、禅宗、真言宗、日蓮宗がほぼ同数となっている。キリスト教ではカトリックの修道女などに個人教誨の申し出があるように聞いているが、教誨師の数としてはプロテスタントのほうがカトリックの三倍ほど多くなっている[3]。

敗戦後、日本国憲法では、信教の自由が定められ、政教分離の原則が取られていることから、特定の宗教の僧侶や牧師などを施設の職員として採用して宗教活動を行わせることは憲法に違反するため、彼らを国家公務員として採用することなどありえないと信じていた。

ところが、合衆国憲法で信教の自由が定められているアメリカ合衆国において矯正施設を参観したところ、そこに牧師がフルタイムの公務員として就労していることを知って驚いた。彼らは僧服を着ており、カウンセリングやなんとインテーク（受け入れ時の面接と分類）までも担当していた。

英国の刑務所でも国家公務員として聖職者がいた。彼らも、アメリカ合衆国と同様に、その宗派で定められた僧服を着て活動していた。各刑事施設は、イギリス国教会、カトリック、プロテスタントとキリスト教内部の異なる宗派を揃えるように務めてはいたが、それが受刑者たちの宗派別構成と必ずしも一致しているようには見受けられなかった。二〇一二年に英国のある教誨師を自宅に訪ねてインタビューさせてもらったが、彼はメソジスト(4)の牧師であった。

英国において、成人および少年の矯正施設における受刑者や収容者に占める外国人の割合は高い。ある刑務所を二〇〇九年に訪ねたとき、その施設において英国で初めてイスラム教の宗教指導者を教誨師として採用したとのことで、忙しくラマダン明けの儀式の準備を受刑者とともにしていた。いうまでもなくそれまでイスラム教の宗教指導者が刑務所内で活動していなかったということではない。パートタイムの教誨師としてラマダンをはじめとする宗教活動が行われていたとのことである。

日本では国家公務員であれ地方自治体公務員であれ、公務員が公務において特定の宗教の活動を行うことは厳に禁止されている。したがって、特定の宗教の活動を行わせるために公務員を雇用することは日本では考えられないが、さまざまな工夫をすることによって実施しているアメリカ合衆国をはじめとする先進国があるということは念頭に置いておいてもよいように思われる(5)。

第4節　キブツ

現地で可能な限り自分の眼で確かめてから、紹介したり、それについて検討する必要があると痛感したのは、国際会議の報告のためにイスラエルに行ったときのことである。衝撃的な体験であったので、今から三〇年ほど前のことになるが紹介しておきたい。

当時、従来の伝統的な家族とは異なった家族のあり方の一つとしてコミューン（共同体）が注目されていた。エネルギーとして、危険な結果をもたらすリスクの高い原子力発電に依存しない、自然を利用したエネルギーに基づく生活様式を提唱したり、農薬を使わないで自分たちが有機農法で栽培した農産物のみを摂取するなど、自給自足的な共同生活を送る集団や、エコロジーを志向した運動も、新たな萌芽的な始まりを見せていた。

そのような集団は、私有財産を否定する側面も持ち、従来の核家族や、親族家族の枠を超えた生活様式を目ざすものであった。

これは、私有財産制を否定する点で、原始共同体を思わせるという面を持っていた。たとえば農業の領域での共同体では、従来の封建的で閉鎖的で伝統的な農村共同体とは異なる、抑圧的ではない自由意志に基づいて形成される共同体を目ざしている点において斬新な特徴を持っていた。

このような特徴を持った日本やアメリカ合衆国で取り組まれていたようなコミューンの一形態として、イスラエルのキブツが紹介されて、家族社会学の分野で注目を集めていた。

私もそうしたものだと思い込んで、一九八六年に出かけていったのが、国際会議の会場となっているエルサレム近郊のキブツだった。これは、国際社会学会 International Sociological Association のリサーチコミッティ29（Research Committee 29）逸脱と社会統制部会（Deviance and Social Control）が主宰した国際会議だった。前々年にコスタリカで国連の犯罪防止と犯罪者処遇のための機関と共同で行われ、法務大臣の公邸でレセプションがあった大会とは雲泥の差があったが、キブツは大きな会議室が備わっている鉄筋コンクリートの建物であり、五〇名ほどの参加報告者がいたように記憶している。

オーガナイザーはエルサレム大学犯罪学部のレスリー・セッバ（Leslie Sebba）教授で、英国でモーラル・パニック（Moral Panic）の概念を提唱して、犯罪学と逸脱行動研究の歴史に残る不動の業績を成し遂げ、エルサレム大学へ移ってきていたスタンレー・コーヘン（Stanley Cohen）も参加していた(6)。

キブツでは確かに農作業が中心的な仕事であり、当時は生物学的な親子関係を否定するような共同養育が行われていた。しかし、現地へ行って見たその姿は、それまでわたしが本で読んだり、講義で聞いた内容から推測された、若者たちが日本の地方へ移住して農業を営んでいるのどかな共同体とはまったくかけ離れていた。それは、あえていえば「軍事要塞」に近いものだったのである。

建物も立派なコンクリートで建てられており、誰もが勝手に出入りできる錠をかけることのない日本の農村のコミューンのような開けっ放しの自由な空間ではなかった。

敷地はコンクリートの壁で覆われ、門は厳重に出入りが管理されていたと記憶している。すなわち、いざとなれば戦闘が行われる潜在的な可能性が高い、おそらくイスラム教徒のパレスチナ人が従来居住していた地域に、ユダヤ教徒のイスラエル人が集団で移殖して共同で開墾作業を行う――あえていえば「屯田兵」の――農場とでもいうべきものであった。

それにしてもなぜ、当時、左翼的な立場に立っていると見なされていた家族研究者がキブツを精力的に紹介したのだろうか。それはおそらく前記のように――現在はそうした純粋の形態が維持されていることはないであろうが――私有財産を否定し、生物学的な個別的かつ私有的な親子関係をも否定して、すべてを共有する集団生活を営む共同体が、伝統的ではなく自由意思に基づいて形成されるという試みを、理論的に評価したのではないかと推測される。

しかし、その共同体のみを取り出して理論的に考察するというのではなく、実際にそれが営まれている状況に置き戻して、それが置かれている社会的コンテクスト（文脈）をも含めて総合的に理解することに努めるならば、まったく違った特徴を持つものとして認識されたに違いない。

〔注〕

（1）当時、図書館へ出かけていき、申し込みをして長い時間待たされてようやく見ることができたり、たとえば損傷が激しいために、閲覧が制限されていて見ることができなかったような貴重図書が、現在は、国立国会図書館をはじめとして、世界中の図書館や博物館のインターネット上に公開されており、年齢に無関係に、日本中いや世界中の誰もが読むことができるようになったのは隔世の感がある。

（2）ただし、羽仁五郎の妻は羽仁説子であり、羽仁説子の母である羽仁もと子は自由学園の創設者で、無教会のキリスト者であった。

（3）公益財団法人全国教誨師連盟「宗派別教誨師実人員」平成二七年五月一一日現在：http://

kyoukaishi.server-shared.com/。二〇一六年六月三〇日確認。

（4）一八世紀にイギリスにおいて活躍したジョン・ウェスレー（John Wesley）の教えに導かれて、イギリス国教会から独立したキリスト教のプロテスタントの会派。

（5）なお、日本においても、たとえば非行少年のための施設として北海道家庭学校を開設するに至った留岡幸助が、最初は北海道の集治監の教誨師をしていて、少年のための施設の必要性を痛感したということからもうかがわれるように、第二次世界大戦以前は、公務員の教誨師制度が存在していたが、一九四七年に廃止された。

（6）このときに報告した内容は後に本に収録されて出版された。Ayukawa, J. "Social Control of Mental Illness in Japan." pp.227–35 in Sebba, Leslie（ed.）, *Social Control and Justice: Inside or Outside the Law?*, Jerusalem, Israel: Magnes Press, 1995.

第3章　経済社会——「プライド」と「グリード」

第1節　資本主義の精神

現在、資本主義は、あくなき利益を追求してマネーゲームに明け暮れているように見える。しかし、その始原において、資本主義の精神はキリスト教の禁欲主義に基づいており、それはプロテスタンティズムが持っている世俗内禁欲であるとマックス・ウェーバーはいう。

今から約一世紀前に出版された、マックス・ウェーバーの古典である『プロテスタンティズムの倫理と資本主義の精神』の内容と論理を再確認していきたい。

ウェーバーによれば、資本主義の精神は、単に一攫千金を狙って、東方貿易に出帆する船に投機を行うといった性質のものではない。

金銭欲への衝動にかられて一切をなげうった連中は——たとえば「金儲けのためには地獄へも船

を乗り入れて、帆の焼け焦げるのもかまわなかった」あのオランダの船長のように——決して、近代独自の資本主義「精神」が大量現象として——これが重要な点である——出現する、その源泉となった心情の持ち主ではなかったのだ。どんな内面的規範にも服しようとしない、向こう見ずな営利活動は、実際それが可能でありさえすればどこであれ、歴史上いつの時代にも存在していた（Max Weber, *Die Protestantische Ethik und der《Geist》des Kapitalismus*, 1920. マックス・ウェーバー、大塚久雄訳『プロテスタンティズムの倫理と資本主義の精神』岩波文庫、一九八九年、五四頁）

ウェーバーは、資本主義の精神はキリスト教の禁欲主義に根ざすものだが、その禁欲主義はプロテスタンティズムのなかでも、とりわけカルヴァンの教理に基づくものだと述べる。

カルヴィニズムは、恩寵による選びの教説を特徴とする。すなわち、二重予定説を特徴とする。二重予定説とは、人は生まれながらにして、神から救われる存在であるのか、そうではなくて滅ぼされる存在であるのかあらかじめ定められており、それは個人の行為によって変えることができないものであるとする考えである。

ウェーバーはカルヴィニズムの二重予定説の特徴を示すためにウェストミンスター憲章を引用する。

第九章（自由意志について）第三項　人間は罪の状態への堕落によって、救いをもたらすべき霊的善へのすべての意志能力を全く喪失してしまった。従って生まれながらの人間は、全く善に背反し罪のうちに死したもので、みずからの力で悔い改めあるいは悔い改めにいたるようみずから備えることはできない。

第三章（神の永遠の決断について）第三項　神はその栄光を顕わさんとして、みずからの決断によりある人々……を永遠の生命に予定し（predestinated）、他の人々を永遠の死滅に予定し給うた（foreordained）。第五項　神は人類のうち永遠の生命に予定された人々を……（中略）……キリストにあって永遠の栄光に選び給うた。これはすべて神の自由な恩恵と愛によるものであって、決して信仰あるいは善き行為、あるいはそのいずれかにおける堅忍、あるいはその他被造物における如何なることがらであれ、その予見を条件あるいは理由としてこれを為し給うのではなく、かえってすべて彼の栄光にみちた恩恵の讃美たらしめんがためである（前掲訳書一四六頁）。

永遠の命に予定されているのかどうかは全能の神によって専断されており、これは神の恩寵と愛によるのであって、個人の信仰とか努力によって得られるものではないとされる。したがって、カトリックが定めているような教会において聖職者によって行われる堅信、ゆるし、病者の塗油などの聖礼典（秘跡）に参加したり、その際に感謝の気持ちを表すために多額の寄進をしたり、聖職者に自分がした罪となる行為を告白して懺悔を行い、それに対して聖職者が赦しを与え、贖罪がなされるという性質のものではない。これを、ウェーバーは「呪術からの解放」と呼んでいる。

世界の「呪術からの解放」、すなわち救いの手段としての呪術を排除することは、カトリックの敬虔感情のばあいには、ピュウリタニズムの宗教意識（それ以前ではユダヤ教のみ）のばあいのように徹底的に行われなかった。カトリック信徒は教会の聖礼典〔秘蹟〕のもたらす恩恵によって、自分にはどうにもならぬものを補うことができた。司祭が呪術者として、ミサにおける化体《かたい》の奇蹟をとり行い、天国の鍵をその掌中に握っていたのだ。信徒は悔い改めと懺悔によって司祭に助けを求め、彼から贖罪と恩恵の希望と赦免の確信をあたえられ、これによって、カルヴァン派信徒にみるような恐るべき内面的緊張から免れることができた。が、カルヴァン派の信徒にとっては、この恐るべき緊張のうちに生きることは、とうてい免れがたい、また、何をもってしても緩和されえない運命だった。……（中略）……カルヴィニズムの神がその信徒に求めたものは、個々の「善き業《わざ》」ではなくて、組織（System）にまで高められた行為主義（Werkheiligkeit）だった。……（中略）……こうして、人々の日常的な倫理的実践から無計画性と無組織性がとりのぞかれ、生活態度の全体にわたって、一貫した方法が形づくられることになった（前掲訳書一九六―一九七頁）。

現在であれば、すでに、生まれたときから救済されているのかどうかが定められているのであれば、どんな努力をしてもしかたがないと考えるのが一つの考えかたの方向かもしれない。

しかし、信仰が人々の生活と意識に圧倒的に大きなウェイトを占めていた時代において、人々は非常に大きな内面的緊張にさらされることになる。そのような緊張状態に置かれて、カルヴィニズムのプロテスタントが選んだのは、日々の生活を組織化し、職業にいそしむことによって、自らが救われているという証を得よう、救済にあずかっているという確証を獲得しようという道であった。

したがって、組織化された日々の職業生活において得られた利益を浪費するのではなく、また享楽に用いるのでもなく、勤勉に労働するために用いられる。さらなる利益の拡大が目指され、その成果が得られることによって、そこに神の恩寵の証を見出そうということになる。

ウェーバーは、以上のように「ピュウリタンの天職観念と禁欲的生活態度の促迫が資本主義的生活様式の発展に対して直接に影響を及ぼさざるをえなかった」（前掲訳書、三二八頁）と述べている。

ただし、マックス・ウェーバーが『プロテスタンティズムの倫理と資本主義の精神』を執筆した一九〇五年頃の時点でさえも、資本主義は、その原型において根底にもっていた宗教的、倫理的な命題である禁欲の精神を離れ、単に最大利益をめざす生活様式としての営利活動へと変化を遂げてしまっていたように思われる。

ウェーバーは、この論文の最後から一つ手前の段落で次のように述べている。少し長くなるが引用しよう。

ピュウリタンは天職人たらんとした――われわれは天職人たらざるをえない。というのは、禁欲は修道士の小部屋から職業生活のただ中に移されて、世俗内的道徳を支配しはじめるとともに、こんどは、非有機的・機械的生産の技術的・経済的条件に結びつけられた近代的経済秩序の、あの強力な秩序界《コスモス》を作り上げるのに力を貸すことになったからだ。そして、この秩序界は現在、圧倒的な力をもって、その機構の中に入りこんでくる一切の諸個人――直接経済的営利にたずさわる人々だけではなく――の生活のスタイルを決定しているし、おそらく将来も、化石化した燃料の最後の一片が燃えつきるまで決定しつづけるだろう。……（中略）……今日では、禁欲の精神は――最終的にか否か、誰が知ろう――この鉄の檻から抜け出してしまった。ともかく勝利をとげた資本主義は、機械の基礎の上に立って以来、この支柱をもう必要としない。……（中略）……将来この鉄の檻の中に住むものは誰なのか、そして、この巨大な発展が終わるとき、まったく新しい預言者たちが現われるのか、あるいはかつての思想や理想の力強い復活が起こるのか、それとも――そのどちらでもなくて――一種の異常な尊大さで粉飾された機械的化石と化することになるのか、まだ誰にも分からない。それはそれとして、こうした文化発展の最後に現われる「末人たち」《letzte Menschen》にとっては、次の言葉が真理となるのではなかろうか。「精神のない専門人、心情のない享楽人。この無のもの《ニヒツ》は、人間性のかつて達したことのない段階にまですでに登りつめた、とうぬぼれるだろう」と（前掲訳書三六四―三六六頁）。

ウェーバーは、すでに資本主義の営利活動からもはや禁欲の精神が抜け落ちてしまっているのを目撃している。営利活動のもっとも自由な地域であるアメリカ合衆国では、営利活動は宗教的・倫理的な意味を取り去られており、さらに、単なる競争をスポーツのようにしている様子さえも見られ、啓蒙主義の雰囲気さえも消失してしまっていることを認定している。

ウェーバーは「誰にも分からない」としているが、資本主義の将来についてまったく予測を持たないで、質問を投げかけているわけではない。

一九〇四年、マックス・ウェーバーは、アメリカ合衆国へ旅行に出かけ、ニューヨーク、シカゴ、セント・ルイスなどを回り、研究者に会ったり、プロテスタント系の諸教会を訪ねたりするとともに、商工業の発展にかつ目している。同行した妻のマリアンネ・ウェーバーは、マックス・ウェーバーがシカゴの活気のある家畜の取引所などを参観し、興奮して見入っていた様子を伝記で活写している（マリアンネ・ウェーバー、大久保和郎訳『マックス・ウェーバー』みすず書房　一九六三―一九六五年。Scaff, L.A. *Max Weber in America*. Princeton University Press, 2011.）。

『プロテスタンティズムの倫理と資本主義の精神』の最後の節でマックス・ウェーバーが述べているように、経済体制がそこに生活している人々の意識を規定するという単純な唯物論は成り立たないであろう。しかし、はたしてマックス・ウェーバーは、一九二九年に世界的規模で資本主義経済を襲った経済大恐慌を予想していただろうか。

アメリカ合衆国は第一次世界大戦の恩恵に浴し、膨大な債権を獲得し、債務国から債権国へと変貌を遂げた。とりわけ、第一次世界大戦後に、戦争で荒廃したヨーロッパ全土に消費財、工業製品はもとよりインフラストラクチャーの輸出を行うことによって、巨大な富を築き、「大英帝国」にとって代わった。第二次世界大戦が開始されてから二年三ヶ月後に、日本から真珠湾攻撃を受けるかたちで参戦して勝利し、資本主義のチャンピオンとなり、その後、ソ連および東欧圏の社会主義経済を打ち負かして崩壊させ、世界の覇者となった。パックス・アメリカーナが久しく続くかに言われたが、現在、大きな曲がり角に差しかかっている。

世界の頂点に立った資本主義経済の担い手たちは、マックス・ウェーバーが予告したように、「精神のない専門人、心情のない享楽人。この無のもの《ニヒツ》」になりながらも、「尊大な」「自惚れ」を持つに至っていたのではないだろうか。

第2節　“Greed is good”（貪欲はよいことである）

マックス・ウェーバーが『プロテスタンティズムの倫理と資本主義の精神』を書いて以降、世界は、第一次世界大戦、世界経済大恐慌、第二次世界大戦を経験した。現在の資本主義とその担い手はどのような状態にあるのだろうか。とりわけアメリカ合衆国は、第二次世界大戦後も、ベトナム戦争をはじめとする戦争といくつかの経済危機を経験した。「戦争」に関しては、ベトナム戦争後も、ニカラグア紛争、アフガン出兵、湾岸戦争、モザンビーク出兵、コソボ等の旧ユーゴスラビアの紛争へのN

ATOとしての関与、イラク戦争など絶え間なく「戦争」を続け、軍需産業が発展する一方で、膨大な財政赤字を抱えることとなった。他方、情報技術が発達し、情報コミュニケーション産業の分野が飛躍的な発展をとげ、巨万――というよりも、巨億、巨兆といったほうがいいかもしれない――の富を築くものも現れている。

このテーマを考えるには、オリバー・ストーン監督によって二三年を隔てて作成された二つの映画「ウォール・ストリート」と「ウォール・ストリート Money never sleeps」が示唆的である。[1]

第一作は一九八七年、第二作は二〇一〇年の封切りであり、その間には、ブラック・マンデー、スウェーデン危機、BCCI破綻、ポンド危機、メキシコ通貨危機、アジア金融危機、日本金融危機、LTCM破綻、ロシア・デフォルト、ITバブル崩壊、エンロン・スキャンダル、アルゼンチン通貨危機、リーマンショック、ユーロ危機などが発生している（なお、経済・金融分野における事象ではないが、二〇〇一年に発生した九・一一ワールドトレードセンターの爆破事件も、先に述べた戦争とともに、この間のアメリカ合衆国の重要な出来事として念頭に置いたほうがよいだろう）。

オリバー・ストーンは自分自身のベトナム戦争への参戦経験を生かして「プラトーン」を撮り、それはアカデミー監督賞などを受賞したが、この映画も、ウォール街でトレーダーとして一生を送った父親の生活経験と思い出が盛り込まれている。オリバー・ストーンは、これらの作品において、監督として、自分のまったくなじみのない世界を奇想天外に描き出すというのとは異なり、身近な経験に基づいている。

第一作はおおむね以下のようなストーリーである[2]。

株のトレーダーとして大成功しているゴードン・ゲッコーに憧れる駆け出しのトレーダーであるバド・フォックスが、なんとかゴードン・ゲッコーに食い込み、ゴードン・ゲッコーの違法な下働きをして、金持ちの世界を垣間見る。いいネタはないかと聞かれて、バド・フォックスは自分の父親が勤務し、労働組合の委員長をしている航空会社の内情を漏らす。ゴードン・ゲッコーは、その会社を救済するふりをして、分解して売り飛ばして大もうけしようとする。直前に騙されていたことに気がついたバド・フォックスは、ゴードン・ゲッコーの競争相手に航空会社の株を買わせ、ゴードン・ゲッコーのたくらみを阻止する。ゴードン・ゲッコーに呼び出されたバド・フォックスは、（おそらく検事局との司法取引に応じて）捜査当局に協力し、二人の会話を録音する。これが証拠となってゴードン・ゲッコーは逮捕され、実刑の有罪判決を受けることになる。

第二作は、ゴードン・ゲッコーが、刑務所から出所する場面から始まる。ゴードン・ゲッコーは、約八年間の有罪判決を受けて服役していた。他の受刑者には家族の出迎えがいるなかで、ゲッコーには出迎えがいない。出所時の、返還品の一つが、一リットルの牛乳パックの大きさがあるかと思われる「巨大な」携帯電話であるというのが、時代の流れを感じさせる。

ゲッコーには子どもが二人いたが、息子は薬物乱用の末に自殺しており、娘はゲッコーを軽蔑し避けている。娘と結婚するのはトレーダーのジェイクで、ゲッコーの講演を聞きに行き、交流が始まる。

ゲッコーは、当時銀行口座を秘匿し、運用を把握されず、課税を脱れることができるオフショア金融センターであったスイスの銀行に娘の名義で一億ドルの隠し預金をしていたが、ジェイクをだまして、娘の協力を得てそれを取り出させる。それを元手の一つとして、ロンドンのシティで、ディリバティブや金融商品に投資する会社を設立し、大口の取引者による依頼が相次ぎ、トレーダーとして復活する。

ジェイクは、自分に教育機会を与えてくれて親のように慕っている経営者の投資銀行に勤務しているが、競争相手ブレトンによる非情な対応によって破綻に追い込まれ、経営者は自殺する。

ゴードン・ゲッコーが長期間服役したのは、実はバド・フォックスが捜査協力したインサイダー取引によるものではなく、ブレトンの密告によるものだと推測された。二人は協力して、ブレトンの不正取引とタックス・ヘイヴン（租税回避地）に設立した会社による脱税とを暴き、逮捕にこぎつける。最終的には、ゴードン・ゲッコーは、孫のために、当初ジェイクと約束していた研究機関に寄付し、娘たちと和解する。

第一作と第二作を比較すると、第一に、第二作で企業の取引活動は国際化し、多国籍企業化している。スイスの銀行の未成年の娘名義の一億ドルの預金は、すでに第一作の時点で行われていたことになっているが、第二作ではニューヨークとロンドンシティとの連携、タックス・ヘイヴンに設立される投資会社が用いられている。

第二に、金融工学が進歩し、金融商品が多様化し、投資形態が複雑化している。第一作では単に株の取引だったが、第二作では数え切れないほどの種類の金融商品が作り出されて流通している。

第三に、情報化の進展も著しい。第一作でトレーダーたちによって使われているコンピューターは、いかにも大型コンピューターの端末という感じで、ディスプレイの画面は薄い緑色の背景で、画面には数値と文字情報のみが表示されていた。朝九時の取引開始のベルとともに、大部屋にいる従業員がいっせいに仕事に取り掛かり、顧客に電話をかけて、株の売買を持ちかけたり、注文を受けたり、電話で説得したり、喧騒のなかで仕事をしている。だが、第二作では、もはやウォール街のダウジョーンズの企業の株価が、オフィスのなかを電光掲示板で流されることもない。

さらに第一作で、ゴードン・ゲッコーはバド・フォックスに次のように語り、教える。

この国の最富裕層である一％の人が、この国の富の半分を所有している。五兆ドルだ。その三分の一は一生懸命働いた結果だが、三分の二は相続、利潤に利潤が累積されて未亡人やバカ息子へもたらされたものと、私がしているような株や不動産への投機によってもたらされたものだ。これは馬鹿げたことだ。あなたたちはアメリカの公衆の九〇％を占めるが、あなたたちの富はほとんどなく、純益はまったくない。私は何も創造しない。しかし、私は所有している。私たちは規則を作る。ニュース、戦争、平和、飢餓、大変動、紙ばさみの値段まで。皆が座って私たちが何をしているのだろうかと不思議に思っているうちに、私たちは帽子の中からウサギを取り出すのさ。

今やあなたは、自分たちが民主主義に生きていると考えるほど素朴ではないよね。自由市場に生きているのだ。そして、あなたはその一部だ。そこで少し待っていろ。私にはまだあなたに教えてあげられることがたくさんある。(3)

ゴードン・ゲッコーは、アメリカ合衆国の一％の富裕層がアメリカ合衆国の富の半分を所有していると述べている。その富は、物を生産したり、額に汗して稼ぎ出されたものではなく、その大部分は、不労所得であったり、株や投機によるものであることを述べている。ゴードン・ゲッコーはバド・フォックスに投機家として闘争意欲を高めさせようとしている。

アメリカのトップ一％が所有する富については、単に所得ではなく資産も含めて見た場合、四〇％以上の複数の異なる数値が提示されているようである。二〇一六年アメリカ合衆国の大統領選挙の民主党の候補者選挙では、バニー・サンダースが民衆の支持を集めてヒラリー・クリントンと伯仲した。サンダースはアメリカ合衆国の人口の〇・一％のトップの富裕層の富が、ボトムから九〇％のすべての人々の富と同じになっていると指摘し、その是正を訴えた。

ゴードン・ゲッコーはインサイダー取引で逮捕される犯罪者である。しかし、ゴードン・ゲッコーは精悍であり、自信に満ちて仕事をしており、どこか憎めないところがある悪役であったこともあり、トレーダーたちの憧れの的であり続けた。第一作の「ウォール・ストリート」の映画を見て、医者や弁護士になるのを辞めて、トレーダーの職業を選んだ人々も多くいるという。ウォール街で活躍しているトレーダーを「ウォール・ストリート」の映画のスタッフが訪ねると、オフィスに映画のゴードン・ゲッコーが大写しにされたポスターが貼られていたりしたとのことである[4]。

最初の映画で鮮烈な印象を残し、後々まで語り継がれることになった場面は、ゴードン・ゲッコーが、中堅会社の株を買い占めて大株主としてその会社の株主総会へ乗り込んで、ひな壇に並んだ役員たちの報酬の高さと無能ぶりを揶揄して、自分であれば経営を合理化し、もっと多くの配当を行うことができるとして、出席している株主の支持を求める場面である。

ここで、ゴードン・ゲッコーは「Greed is good（貪欲はよいことである）」という非常に有名になった演説を行う。プロテスタンティズムの禁欲の精神は、資本主義の成熟形態において、貪欲を肯定する理念へと変貌を遂げたかのようである。

わたしたちも、テルダー製紙の株主総会でのゴードン・ゲッコーの演説に耳を傾けることとしよう。

私は会社の破壊者ではありません。私は会社の解放者です。
貪欲――いい言葉がないのでこの言葉を用いますが――はよいことです。
貪欲は役に立ちます。貪欲は、革命精神の本質を明らかにし、貫き、捉えます。

貪欲は、生命と生活への貪欲、金銭への貪欲、愛への貪欲、知識への貪欲などあらゆる形態をとっており、貪欲は人類の記録的な向上をもたらしました。そして、皆さんよく聞いてほしいのですが、貪欲が、テルダー製紙ばかりではなくアメリカ合衆国と呼ばれている企業をも救うのです。[5]

それに賛成するにせよ反対するにせよ、この「貪欲はよいことである」という命題には、日本人はあまり違和感がなく受けとめられるかもしれない。単なる一つの主張として、軽く受け流したり、冷静にその言わんとするところを推し量ったりするであろう。

ゴードン・ゲッコーが言っていることはまさしく正鵠を射ている。これが現代の資本主義における資本家の本音であり、営利活動のまぎれもない動機となっている。しかし、欧米のキリスト教徒にとっては、なかなか人々の面前でおおっぴらには言い出しえない。この台詞を心穏やかな気持ちで聞くことができるためには、一つのハードルを越える必要がある。というのは、この言葉は、キリスト教の根本的な一つの価値を否定するものだからである。

イエス・キリストは「はっきり言っておく。金持ちが天の国に入るのは難しい。重ねて言うが、金持ちが神の国にはいるよりも、らくだが針の穴を通るほうがまだ易しい。」と述べる。「らくだ」と針の穴は、ほとんど誰も予想できない取り合わせであり、そのコントラストは、読んだり聞いたりした者の記憶に印象深く留まる（「マタイによる福音書」第一九章第一六―二六節）。

マルコによる福音書では、イエスは、らくだの比喩の話の前に、たくさんの財産を持っている人からの質問に答えて、「あなたに欠けているものが一つある。行って持っている物を売り払い、貧しい人々に施しなさい。そうすれば、天に富を積むことになる」と述べる[6]（「マルコによる福音書」第一〇章第二一―二七節）。

実は、貪欲はキリスト教において「七つの大罪」の一つとされている。

ウェーバーは、資本主義での経済活動に携わる人々の間で、宗教的、倫理的な意味が失われてしまっていると述べた。しかし、それどころではなく、経済活動に携わる意味は逆転してしまっているかのようである。

「貪欲」はよいことであり、正しいことであり、役に立つ、有益であると、ゴードン・ゲッコーは言い放つ。そして、それは、現在の金融資本の経済活動、取引活動、投資行動を如実に示しているように思われる。

第3節　七つの大罪と「プライド」

“Pride and Prejudice” という英語を訳してくださいという質問を受けたら、あなたはどう訳すだろうか。

なぜそんな変な質問をするのだろうといぶかりつつ、prejudiceは「偏見」だがprideは日本語としてすでに「プライド」としてカタカナで定着しているので、改めて他に漢字やひらがなを使った表現は思いつかないし、もともとの日本語にそれにぴったり該当する言葉はないので、「プライドと偏見」としか訳すほかない、というのがほとんどの読者の回答ではないだろうか。

その場合、「プライド」とは、「お前にはプライドがないのか」と言って叱られたり、「プライドを持て」と叱責を込めた強い励ましを受けたりということが思い浮かんだりするのではないだろうか。「プライド」は肯定的な価値を持った用語として、プラスの意味を含んだイメージで用いられて訳されたのではないかと推測するが、どうだろうか。

ただし、もしこの質問を受けたときに、一九世紀の英文学に詳しかったり、ある英国の小説家のファン——多くは女性だと思われる——だったり、さらに英国の映画俳優コリン・ファースのファンだったりすれば、その人はこれが小説のタイトルであることを鋭く見抜くであろう。

正解は「高慢と偏見」である。

この小説はジェーン・オースティン（Jane Austen）によるもので、女性たちに人気があり、しばしばテレビドラマ化されたり映画化されたりしている。最も好評を博し有名なのは、一九九五年に、英国ＢＢＣ放送でテレビドラマのシリーズとして放送されたもので、メイン・キャラクターの一人であるダーシー役をコリン・ファース（Colin Firth）が演じ、若い女性たちの心を掴み、スターダムにのし上がった。一見したところでは高慢なふるまいをしたり、行動を取ったりするように見られがちだが、二枚目の甘いマスクで、実は優しい心を持ち、しかも正義感にあふれ、忍耐強く、陰で人の助けになることをし、由緒正しい貴族の家柄で、お城のような住居と広大な領地を持つ大金持ちである。フェンシングやさらに池に飛び込んで泳ぐシーンなど優れた運動能力を持っているところまで呈示されており、結婚相手としてこれ以上の男性はいないという役柄で、ダーシー役はコリン・ファースで決まり、となっているようだ。(7)

話をもとに戻せば、一九一三年にジェーン・オースティンが小説を書いていた時代には「プライド」はマイナスの価値評価がされており、キリスト教の七つの大罪の一つとされ、しかも七つの大罪のうちもっとも根源的な罪がこの「プライド（高慢・うぬぼれ）」だとされている。ジェフリー・チョーサー（Geoffrey Chaucer）も『カンタベリー物語』のなかで、「これら七つの罪の根源には、すべての害毒の共通の源である高慢が、まずあります」と述べ、高慢から生じるものとして「不従順、偽善、侮蔑、傲慢、厚顔、心の驕り、横柄、驕慢、短気、争い、強情、無礼、不敬、頑迷、虚栄」を挙げている（Chaucer, Geoffrey, *The Canterbury Tales*, 1387–1400. ジェフリー・チョーサー、桝井迪夫訳『完訳　カンタベリー物語』下　岩波文庫、一九九五年、一九四―一九五頁）。

わたしの知る限りでも、ヒエルニモス・ボッシュやペーター・ブリューゲルをはじめとして著名な画家たちによって七つの大罪の絵が描かれている。

「高慢」とか「うぬぼれ」とか、チョーサーがあげているような項目を聞くとそれはよくないことだと思う人も多いかもしれない。しかし、現代においては、先ほど述べたように「プライドを持って生きること」を人生の信条としている人もいるであろう。

ブリューゲルの“pride”の版画がウィーンのアルベテーレ美術館で展示されているのを見た。中央に描かれているドレスで着飾って鏡に自分の顔を映している女性の横には、羽を広げた孔雀がいる。虚飾に似ているように思うかもしれないが、意識が自分に向いている。つまり、自分をすばらしいものに見せようとし、驕っており、謙遜の心を欠いているということであろう。

いずれにしても、“greed”以前に“pride”についての価値評価の転換が起きていたということだ。ジェーン・オースティンが *pride and prejudice* を著した一九世紀前半頃には否定的価値を帯びていたことばが現代では賞賛され、追求され、保持されるべき価値へと転換されたといってよいだろう。神の僕としての存在、神の前に謙虚である存在から、自らの生きかたを誇りを持って選択し、それに責任を持つ存在である個人へというように、人間観が変遷してきたのかもしれない。

なお、「貪欲」「高慢」以外で七つの大罪にあげられているのは、「怒り」、「嫉妬」、「怠惰」、「貪食」と「好色」である。

第4節　NINJA世代とタックス・ヘイヴン

第二作では、ゴードン・ゲッコーは一九九三年から八年間入獄して出所した後、テレビの対談に出演し、講演会を行い、本を出版し、サイン会などをする。

娘の婚約者は、友人に誘われて母校の大学へゴードン・ゲッコーの講演会を聞きに行く。講演の中で、ゴードン・ゲッコーは、主催者から「greed is good」と言ったでしょうと言われたが、株主総会での発言当時はこの言葉は衝撃的だったかもしれないが、今や「合法的になっているようだ（it seems it's legal）」というように述べている。

講演に耳を傾けよう。

皆さんは、かなりやられてしまっています。まだ知らないと思いますが、あなたたちは忍者（ninja）世代です。無収入（no income）、無職（no job）、無産（no assets）です。あなたがたを多くのことが待ち受けています。

ある日、私がかつて貪欲はよいことだと言ったねと思い出させてくれた人がいました。今や貪欲はよいことばかりではなく合法的に見えます。私たちは皆、同じ清涼飲料水を飲んでしまっているのです。

・・・・・

（前作と同様に、貪欲によって利益を得て、豊かな生活レベルの人のことを述べ、さらに新しく開発された金融商品の名前を挙げたのち――引用者）

・・・・・

しかし、私はそれら（金融商品）がいったい何であるかを言いましょう。それらはWMDs, すなわち大量破壊兵器なのです。

ちょっと羨望が混じっているかもしれませんが、私が社会から遠ざかっているうちに、貪欲はさらに貪欲さを増しました。

・・・・

昨年、すべての企業利益の四〇％はファイナンス・サービス産業によってもたらされました。生産によってではありません。アメリカの公衆が必要とするものと間接的に関係しているものによってではありません。

私たちがすべてその一部となってしまっているというのが事実なのです。銀行、消費者、彼らはお金を循環的に回しているのです。

・・・・

ひょっとして私は刑務所に長く居過ぎたのかもしれませんが、しかし、ときどきそこが唯一正気でいられる場所なのです。柵から眺めていると、外にいる連中はみな狂っているのかと言えます。注意深い人には明らかだと思いますが、諸悪の根源はひと儲けしようという考えなのです。借入資本による投資の負債です。最低の収益となっていても、目いっぱい借りるのです。言いたくはないのですが、これは倒産ビジネスモデルです。

うまくいくわけはありません。それは敗血症、悪性腫瘍であり、世界的に広まっています。それはガンのような病気です。それに対して戦わなければなりません。どのようにしたらいいでしょうか。

最初の文は隠語表現で「あなたたちはやられてしまったね」である。もう少し日常的な表現にするならば「あなたたちは、つけいられてしまった」「いいカモにされてしまった」「だまされてしまっている」とでもいったところであろうか。たとえば、家は値上がりすると信じ込まされてというか、信じ込んでいて、ローンを借りて家を買った。現在のところ家の評価額は上がっていっているので、それで資産を再評価してもらい、ローンを組み直したり、さらに金を借りることができたりするので、その借りた金を使って、液晶テレビを買ったり、携帯電話を買ったり、パソコンを買ったり、レジャーヴィークルを買ったりまでしている。しかし、やがてバブルがはじけて、家の評価額が下がれば、借金の支払いの問題が発生し、払いきれなくなって、現金も底をつき、家も奪われ、仕事も失ってしまうことになってしまうだろう、といったことを意味していると考えられる。結局、身分不相応な暮らしは長続きしないということであろう。

突然、日本語の忍者が出てきて驚くが、「NINJA世代」とは「無収入 no income」、「無職 no jobs」、「無財産 no asset」ということで、最初の無収入と無職の二語については、それぞれ単語の頭の二文字を、無財産については名詞の頭の文字をつなぎ合わせると、確かにNINJAになる。

アメリカ合衆国でもとりわけ白人の中産階級が崩壊し、その割合が減少するとともに、富裕者との格差が拡大していることが指摘されている。このことが原因の一つとなって二〇一六年のアメリカ合衆国大統領選挙は予想を覆して、ドナルド・トランプ（Donald Trump）が当選する結果となった。しかしながら、NINJA世代は、アメリカ合衆国よりもむしろ日本に該当するのではないだろうか。少子高齢化で人口は逆ピラミッドとますますなっていき、国内市場が縮小して消費が伸び悩み、企業の売り上げと収益が縮小し、雇用も減少し一般の安定した職業は減少する。さらに、企業はアジアの発展途上国と価格競争をして輸出して利益を得る必要があるとして、人件費や社会保険料の支払いを可能な限り削減しようとしている。現実に、就労人口に占める正規社員の割合は減少し、期間雇用、アルバイト、人材派遣を通じての就労が、人数および割合とも大きく増加している。それはとりもなおさず、被雇用者である一般の労働者の収入の減少をもたらし、生活レベルの低下を招来している。さらに、その一方で、多数の年金受給者を少ない生産年齢の労働人口で支えなければならず、税負担は増加する。

在宅で生活する高齢者であったり、施設で療養生活を送る高齢者であったり、さまざまな種類の高齢者のための介護スタッフ等の需要は大幅に増加するかもしれない。しかし、安定的な雇用ではなく、しかも腰などを痛めがちの重労働の肉体労働であり、夜勤や早出、遅出などが繰り返される、自分の健康を損なってしまいそうな労働時間の就労形態の仕事である。何よりも、低賃金の不安定就労では、労働者はきちんとした生活をしていくことはできない。

ゴードン・ゲッコーは、アメリカ合衆国の全企業収益の四〇％はファイナンスサービス産業によっているという。そのことは、アメリカの人々が必要とする物品の生産やサービスの供給ではなく、アメリカの人々の生活を向上させたり豊かにさせたりするような製品を生産するために設備投資を行うというのでもなく、単に世界を対象にマネーゲームで利益を得て儲けているだけだということになる。すべての悪の源は「一山儲けようとする考え」である、というのも興味深い。

原語は“speculation”であるが、一般的な「精査」するという意味ではなく、経済学では、「大儲けしようと投資すること」を意味するというのも示唆的である。

ゴードン・ゲッコーは世界中に広がっているガンというべき病理的な経済現象に対して自分は治療策を持っていると言う。それは何なのかという聴衆の興味を盛り上げて、自分は三語で答えることができると述べる。その三語というのは、自著を手にとって「この本を買え（Buy this book）」であった。

ゴードン・ゲッコーは宣伝も怠らず、抜け目がないが、あいかわらず、人を笑わせたり、どこか憎めないものを持っている。

ゴードン・ゲッコーは、自分に対して他人は刑務所に長くいすぎたというかもしれないが、刑務所が唯一正気でいることができる場所であり、そこから見ることができるすべての外にいる人々のほうが逸脱者であり犯罪者であると指摘できると述べる。

こうした発言は、一般の人々には冗談のように思えたり、強がりや皮肉を言っているだけのように聞こえると思われる。ただ、そうした時代がわが国においてもなかったわけではない。太平洋戦争に敗戦する以前の日本において、治安維持法やその他の法律によって身柄を拘束されていた思想犯の人々はまさにそのように見えたことであろう。

「ウォール・ストリート Money never sleeps」にも出てきているように、投資銀行、ヘッジ・ファンドやプライベート・バンクはオフショア金融センターやタックス・ヘイヴンを用いることによって、節税を行うことができる。そこに設立された会社を用いて短期的に巨大な利益を得ることを狙って、巨大な投機を行ったり、空売りをしたりして、膨大な利益を得ながら、税を回避して払わないですませることができる。また、なによりもタックス・ヘイヴンを経由させることによって、金の由来や経路を隠すことができ、マネー・ロンダリングと同様のことを行うことができる（志賀櫻『タックス・ヘイブン――逃げていく税金』岩波新書、二〇一三年）。

まじめに勤労している中産階級がきちんと税金を払っているのに、超高額所得者は、タックス・ヘイヴンを使うことによって税金を払わないですますことができる。一般の国民である勤労者が、以前はフルタイムの正規雇用の職に就けたのに、派遣会社を経たり、期間採用であったり、アルバイトであったりという不安定な就労機会しか得られず、得られる収入も激減し、生活も安定しないにもかかわらず、超高額所得者は、税金を支払わず、ますます金持ちになっていくという不満は次第に大きくなっていくであろう。また、幸運にもフルタイムの中産階級に所属したり留ったりする人々も、自分たちは給与が正確に捕捉されて税金をきちんと徴集されるシステムであるのに、自分たちよりも高額かつ高率の税金を払ってしかるべき超高額所得者は実際には税を逃れていることについて、実質的に逆累進性となっている税制に非常な不公正感を抱くことになる。

国境をまたぐことによって、現在は有効な対策が取られておらず、合法的な節税ということになるのであろうが、こうしたことは、とりもなおさず国と社会に対する信頼性と正統性の信念を瓦解させていくことになる。

社会的コントロール理論からの示唆を待つまでもなく、社会の正当性についての信念が崩れれば、犯罪や逸脱行動が誘発されやすい条件を作る結果となる。

かつて新しい犯罪学、批判的犯罪学およびラディカル犯罪学は、研究の目的として社会正義の実現を掲げた。その観点からするならば、見過ごすことができない問題状況が、国際化と情報化が進展する下で今まさしく起こっているということである（拙著『新訂　逸脱行動論』放送大学教育振興会、六一—六三頁、二〇〇六年）。

〔注〕
（1）オリバー・ストーン監督『ウォール・ストリート』マイケル・ダグラス、チャーリー・シーン主演、二〇世紀フォックス、一九八七年。マイケル・ダグラスはこの作品のゴードン・ゲッコー役でアカデミー主演賞を獲得した。オリバー・ストーン監督『ウォール・ストリートMoney never sleeps』、二〇一〇年。
（2）なお、オリジナリティを保持するため、主要には自分の記憶に基づいて書いていたり、本書のテーマにより関連があると思われることがらをピックアップして記述している。そのため、読者には、作品のなかのほかの点が面白かったり重要だったりするのに、それについて触れられていない、というように不満を感じる人がおられることと思うが、ご容赦いただきたい。また、本書の他の章で取り上げるオペラ、ミュージカル、バレエなどの芸術作品についても、犯罪学、逸脱行動論や社会問題論の観点から興味深いと考えられる場面ややりとりを紹介しており、それは例えばそれらの作品の本筋ではないはずなのにと思われる人がおられるかもしれないが、同様の理由で、どうかご海容いただきたい。

（3） 翻訳にあたって、以下を参照した。室井美稚子監修　外国映画英語シナリオ、スクリーンプレイ・シリーズ『ウォール街』一九九四年、スクリーンプレイ出版株式会社。Kenneth Lipper、芝山幹郎訳『ウォール街』一九八八年、文春文庫。

（4）「ウォール・ストリート Money never sleeps」の特典ビデオでのエクゼクティブ・プロデューサーであるセリア・コスタの解説による。

（5） 注（3）に同じ。

（6） こうした聖書のことばと考えが、わたしには、欧米で巨億の大金持ちが、多額の寄付を文化事業に対して行ったり、NPO法人を立ち上げて社会福祉的な活動を行ったりする理由の一つになっているように思われる。

（7） コリン・ファースは、その後、『ブリジット・ジョーンズの日記』（二〇〇一年）でも、結婚願望を持ちながら三〇代になっている独身女性で、ハンサムな上司であるヒュー・グラントと不倫関係にあったブリジット（レネ・ゼレヴィーガー）を、愛情をもって暖かく迎え入れる役を演じて人気を博した。二〇一〇年には『キングズ・スピーチ』で、王位継承者ではなかったところ、兄が問題のあると見なされているアメリカ女性と結婚するために王室を離脱して一般の市民となったために、ジョージ六世として国王となったものの、シャイで吃音が激しかったため王としてスピーチをするのに非常に困ったが、それを克服していく過程を演じて、アカデミー賞とゴールデングローブ賞の主演男優賞をダブル受賞した。なお『キングズ・スピーチ』はアカデミー賞の作品賞、監督賞および脚本賞も受賞した。

第4章　女性——犯罪にも言及して

第1節　敗戦による抑圧からの解放

日本国憲法では、法の下の平等として男女の平等が定められた。

第十四条　すべて国民は、法の下に平等であつて、人種、信条、性別、社会的身分又は門地により、政治的、経済的又は社会的関係において、差別されない。

さらに、第二十四条では、婚姻、家族生活における男女の平等と個人の尊重を定めている。

第二十四条　婚姻は、両性の合意のみに基いて成立し、夫婦が同等の権利を有することを基本として、相互の協力により、維持されなければならない。

2　配偶者の選択、財産権、相続、住居の選定、離婚並びに婚姻及び家族に関するその他の事項に関しては、法律は、個人の尊厳と両性の本質的平等に立脚して、制定されなければならない。

この第二十四条が定められたことは、敗戦前において、女性は男性よりも劣位に置かれていたことを示唆している。

日本国憲法の条文は、鈴木安蔵らをメンバーとした民間人の「憲法研究会」によって作成された「憲法草案要綱」に影響を受けていることが指摘されている。第六章で述べるように、例えば「すべて国民は、健康で文化的な最低限度の生活を営む権利を有する」（第二十五条第一項）という社会権の規定は、明確に憲法研究会の「憲法草案要綱」に基づいて憲法に盛り込まれることが決まったものである。ただ、第二十四条の婚姻と家族生活における男女の平等の条文は、ＧＨＱの民政局に所属し、当時まだ二〇代前半だったベアテ・シロタ・ゴードン（Beate Sirota Gordon 当時は結婚前であったためBeate Sirota）の提案と熱意によるところが大きいとされている。

ベアテ・シロタはウィーンに生まれたユダヤ系のオーストリア人だったが、父親がピアニストで後に東京藝術大学となる東京音楽学校へ教授として招かれたため、一九二九年に五歳で来日し、一九三九年までの一〇年間を日本で過ごした。その間、ドイツ人学校やアメリカンスクールへ通学した。両親を日本に残して一九三九年に渡米し、カリフォルニア州の大学を一九四三年に卒業し、一九四五年にアメリカの市民権を得た。両親の安否を確認するためにも、できるだけ早く日本へ戻ることを望み、日本語を流暢に話す民間人として連合軍最高司令官（ＳＣＡＰ）のスタッフに応募して採用され、ＧＨＱ民政局の政治部門で働く過程で、日本国憲法の起草に関与することとなった。

ベアテ・シロタは、児童期・思春期を日本人の友だちの家庭に出入りして過ごし、家事、育児、その他の重労働に追われる日本人女性の姿をまのあたりにしていたり、それまでに一度も会ったこともない相手と親たちからあらかじめ決められて結婚させられるという話を日本人女性から直接聞いたりして、女性の地位が向上されるべきだと考えるようになっていた。

日本において、敗戦前に、女子学生が旧制の大学へ進学することは許されなかった（なお、誤解のないように一言すれば、戦前においても、たとえば女子医専と呼ばれ、戦後に女子医科大学として大学へ昇格することになった教育機関や、高等師範学校と呼ばれ、同じく戦後大学へ昇格することになったお茶の水女子大学や奈良女子大学などへの進学は可能だった）。敗戦後にようやく女性へ大学の門が開かれた(1)。

第二次世界大戦に敗戦する以前の日本では、一九二五年に普通選挙法が制定されたが、選挙権を与えられたのは男性のみで、女性には選挙権が与えられてはいなかった。敗戦前の民法では、女性は結婚すれば、通常は男性が戸主となっている戸籍に入り、法律的には無能力者となり、重要な決定には戸主の同意が必要であった。夫は妻の姦通を理由として離婚することができたが、妻には許されず、夫が姦淫罪によって有罪となり刑に処せられたときのみであった。また、戸主が死亡した際の家督相続は、子どものうちでも男性の長子が優先されて単独で相続し、妻には許されなかった。

儒教の古典がどのような文章の内容になっているのであれ、戦前において、儒教道徳が実際の生活に浸透することによって、男女差別が促進されたり、それを正当化する要因として働いていたといわざるをえない。この傾向は韓国においてより顕著であったように思われる。

一九八〇年代、日本において夫婦別姓の主張がいわゆるフェミニストの立場から唱えられ、その際に韓国は認められているのになぜ日本では認められないのだというような主張が、しばしば女性の弁護士らをはじめとしてなされていた。しかし、儒教道徳の影響が強い韓国においては、二〇〇八年に戸籍法が廃止される以前は、女性は結婚した相手の男性の姓を名のることができないのであって、それは姓の源を同じくする同姓の男女は結婚できないという同姓同本不婚制を背景として、妻は婚家の正式なフルメンバーとして認められていないがゆえであり、むしろ男女差別、男尊女卑の象徴というべきものだったのである。一九八〇年代の韓国の家族法は、明確に父系・男性主義をとっており、離婚した妻が子の親権者になることはありえず、離婚に伴う財産分与もなかったほどであった。

第2節　西欧にもあった女性差別と教育機会の不平等

女性が、男女差別の社会生活を強いられていたのは、東洋に限らない。ヨーロッパにおいても女性に選挙権が認められたのはそれほど昔のことではない。英国では第一次世界大戦後に認められたが、それは男性が二一歳以上に対して制限なく認められたのに対して、女性は三〇歳以上の既婚者に限られた。一九二八年に、ようやく二一歳以上のすべての国民に選挙権が認められることになった。オックスフォード大学やケンブリッジ大学のカレッジに女子学生の入学が認められたのは第二次世界大戦後のことである。

第三章で紹介した、現在ではイギリスの古典文学の傑作とされる『高慢と偏見』では、母親が、五人の娘たちをどのような相手と結婚させようかと躍起になっている様子が描かれている。娘たちも、結婚できるかどうか、そして誰と結婚するかが自分たちの一生のほとんどすべてを決める唯一の重要な要因であることを知っていた。著者の、ジェーン・オースティン自身も、七人兄弟姉妹の、二番目の女子として生まれ、文才はあったものの、結婚に恵まれず、三〇歳で父を亡くした後、経済的に困窮して転々とし、最終的には兄の世話になって、長くはない四二歳の人生を終えた。

『高慢と偏見』を意識して、英国のテレビ局ITVによって二〇一〇年から放映され、大人気を博したテレビのドラマシリーズとして『ダウントン館（Downton Abbey）』がある。このドラマは歴史家による丁寧な時代考証に基づいて制作されているが、ストーリーは一九一二年頃から始まる。公爵は子どもが三人娘のため、女子には爵位の地位と資産の継承権がないので、なんとか長女を従兄弟との婚約にこぎつけたが、その婚約者がタイタニック号に乗船していて死亡したと考えられるとの報告を受けて取り乱し、長女に次なる適切な結婚相手をあてがおうと必死になる。

キリスト教社会においても女性に対して差別的な地位を与えたり、待遇を行ってきたということができる。

そもそも旧約聖書では、女は男のあばら骨から作られたとされる。

主なる神はそこで、人を深い眠りに落とされた。人が眠り込むと、あばら骨の一部を抜き取り、その跡を肉でふさがれた。そして、人から抜き取ったあばら骨で女を造り上げられた。主なる神が彼女を人のところへ連れて来られると、人は言った。

「ついに、これこそわたしの骨の骨。わたしの肉の肉。これをこそ、女（イシャー）と呼ぼう。まさに、男（イシュ）から取られたものだから。」（『旧約聖書　創世記』第二章第二一―二三節、新共同訳、日本聖書協会、一九九三年。なお、以下の引用はすべて新共同訳聖書による）。

さらに、蛇の誘惑によって、エデンの園の中央に生えている木の、神から食べることを禁じられている禁断の木の実を食べた二人に対して、神は次のように宣言する。男性に対しては、「お前は生涯食べ物を得ようと苦しむ……お前は額に汗を流してパンを得る……」と宣べ、女性に対しては「お前のはらみの苦しみを大きなものにする。お前は、苦しんで子を産む。お前は男を求め、彼はお前を支配する。」と宣べる。

新約聖書にも、女性よりも男性を優位に置く記述がみられる。例えば、パウロが書いたとされるコリント人への手紙1に以下のような記述がある。

ここであなたがたに知っておいてほしいのは、すべての男の頭《かしら》はキリスト、女の頭《かしら》は男、そしてキリストの頭《かしら》は神であるということです。男はだれでも祈ったり、預言したりする際に、頭《あたま》に物をかぶるなら、自分の頭を侮辱することになります。女はだれでも祈ったり、預言したりする際に、頭に物をかぶらないなら、その頭を侮辱することになります。それは、髪の毛をそり落としたのと同じだからです。女が頭に物をかぶらないなら、髪の毛を切ってしまいなさい。女にとって髪の毛を切ったり、そり落としたりするのが恥ずかしいことなら、頭に物をかぶるべきです。男は神の姿と栄光を映す者ですから、頭に物をかぶるべきではありません。しかし、女は男の栄光を映す者です。というのは、男が女から出て来たのではなく、女が男から出て来たのだし、男が女のために造られたのではなく、女が男のために造られたのだからです（「コリントの信徒への手紙」第一一章第三―九節）。

この章には、「礼拝でのかぶり物」という見出しが付いている。この見出しを尊重して、この章を読むと、男性はかぶり物をしてはならず、女性はかぶり物をしなければならないという、教会内の服装に関する規範と思われるかもしれない。しかし、この章は、単に礼拝でのかぶり物について述べているのではない。引用文を注意深くご覧いただけば、そこには次の二文が含まれていることに気づかれるであろう。

「ここであなたがたに知っておいてほしいのは、すべての男の頭《かしら》はキリスト、女の頭は男、そしてキリストの頭は神であるということです。」「男は神の姿と栄光を映す者ですから、頭に物をかぶるべきではありません。しかし、女は男の栄光を映す者です。というのは、男が女から出て来たのではなく、女が男から出て来たのだし、男が女のために造られたのではなく、女が男のために作られたのだからです。」

新約聖書の福音書にも、男の女に対する優位性が述べられている箇所がある。

また、ルカによる福音書には以下のような記述が見られる。

一行が歩いて行くうち、イエスはある村にお入りになった。すると、マルタという女が、イエスを家に迎え入れた。彼女にはマリアという姉妹がいた。マリアは主の足もとに座って、その話に聞き入っていた。マルタは、いろいろのもてなしのためせわしく立ち働いていたが、そばに近寄って言った。「主よ、わたしの姉妹はわたしだけにもてなしをさせていますが、何ともお思いになりませんか。手伝ってくれるようにおっしゃってください。」主はお答えになった。「マルタ、マルタ、あなたは多くのことに思い悩み、心を乱している。しかし、必要なことはただ一つだけである。マリアは良い方を選んだ。それを取り上げてはならない。」（「ルカによる福音書」第一〇章第三八—四二節）。

イエス・キリストをもてなす食事の準備に精を出すマルタとは対照的に、マリアは食事の準備の手伝いを放擲《ほうてき》してイエスの話に耳を傾ける。イエスはそれぞれが関心を持つことをすればいいのであって、しなければならない重要なことは一つであり、そのことを選んだマリアに無理やり食事の世話をさせるのは誤りである、と答える。しかし、もし二人とも話しを聞いたらどうだろうかと、イエスは考えなかったのだろうか。

一般的な牧師による説教では、通常であれば食事の手伝いをするようにとマリアをたしなめるはずであるところ、そのようにせず、マリアを正しいとしたイエス・キリストの意図を説き、そのように要望したマルタこそが間違っている、と説明すると思われる。さらに、その際に、マルタのほうが自己中心的な考えに陥っているのだと指摘する説教もあるようだ。

当時、女性が置かれていた地位や、割り当てられていたと考えられる食事の準備や料理をするという性別役割を忖度《そんたく》すれば、イエス・キリストによるマリアの思索的な態度を肯定する、別言すれば知的な関心を持つマリアの生きかたを肯定する言説には、時代を超えたすばらしい考えが備わっていたということができよう。

しかしながら、わたしの勝手な推測かもしれないが、おそらくマルタも食事の準備をするだけではなく、イエスの話を聞きたかったのではないだろうか。イエスは、自分のために食事の支度をするのはいいから、あなたも聞きたければここに来てわたしの話を聞いてごらんと言ってあげるのが一番よかったという思いが湧いてきたりもする（あるいは、これはゲストとしての立場を逸脱してしまうことになるかもしれないが、食事の準備を自分も手伝うことを申し出て、マルタの負担が増えないように配慮して、料理をしながらマリアとマルタに話を続けるという方法も考えられる)。

戦前の日本において、キリスト教の宣教師たちが女性の地位向上に務め、女性に就学機会を提供しようとしたことは、偉大な歴史的業績として記憶に留められる必要がある。

聖書において、イエスの墓がもぬけの殻になっていて、復活したイエスに最初に出会うのはマグダラのマリアであり、重要な役割を果たしている。しかし、イエスの福音を述べ伝える十二使徒のなかには女性の姿はない。四福音書の著者はマルコ、マタイ、ヨハネとルカであり、そこにも女性はいない。

プロテスタントは女性の牧師を認めている。確かに、カトリックには聖母マリア信仰はあるが、女性の司祭を認めていない。日本では聖公会と呼ばれるイギリス国教会では、一九七〇年代以降ニュージーランドなどに女性の司祭が現れるようになっていたが、英国においてイギリス国教会の女性司祭(priest)が初めて認められたのは一九九四年である。しかし、その上位の地位である主教(bishop)に女性がなることは認めなかった。女性が主教の地位に就くことが認められるようになったのは、イギリス国教会の最高位であるカンタベリ大主教に、石油会社で重役の地位を占め、実業界で活躍した経歴を持つジャスティン・ウェルビイが二〇一三年に就き、主教会議から総会へと提案が進められて、二〇一四年に可決されて以降のことであり、二〇一五年になって初めて女性の主教が誕生した。

現在、日本の大学では、女子学生のほうがより自分が望む職業に就きたいという目的意識と上昇志向が強いため、勉学意欲が高い。わたしが現在所属する大学の卒業式の総代は成績順で選ばれるが、法学部、商学部をはじめとして文科系学部のほとんどは女子学生だ。

例えば、高校以上の、大学、短期大学、専門学校などを合わせた高等教育機関への進学率は男子よりも女子のほうが高い。女子の高学歴志向の高まりによって、短大は改組転換して四年制大学となったところも少なくないが、短大に留まっている教育機関は、定員を減らしながらも、その定員を充足することができず定員割れを起こしており、財政的に厳しく、存続の危機に直面しているところも少なくない。

就職においても、男女雇用機会均等法が次第に効果を発揮してきている。身近なところでは公務員、大学教員などにおいて、一気に女性の数が増加した。一般企業ではまだ少ないが、官公庁では女性の管理職が増加してきており、企業においてもその割合は増加していくであろう。わたし自身が、かつて採用試験問題のある科目の出題と採点を担当したことのある国家公務員Ｉ種相当の専門職では、合格者の約八割が女性だった。

女性が男性と同等に生き生きと働くことができる労働環境を提供するという理念とともに、日本は少子高齢化であり、労働生産人口の割合が非常に少なくそれを補う必要があるという客観的な人口条件とがあいまって、今後とも、女性の労働における活躍が期待され、促進されていくものと考えられる。

第3節　科学技術の進歩による女性の地位の向上

法律をはじめとする社会制度の変革が、女性の解放と地位向上をもたらしたことは言を俟たない。しかし、科学の発達とその生活への応用は、それにまさるともおとらず、女性の解放と待遇改善に貢献してきたと考えられる。

電気、ガス、水道などのインフラストラクチャの整備と家庭電化製品の普及が、当時女性によって担われていた日常生活における家事労働の負担を軽減した。水道の普及によって、現在もアフリカ、インド、イスラム諸国の一部で行われているような、女性が井戸水を汲みに行ったり、川に洗濯に行ったりする必要はなくなった。なによりも女性を日常の世話から解放したのは電化製品に他ならない。電気・ガスの出現と普及は、食事を作る際に、まきをくべたかまどを絶えず見守っている必要はなくなり、また、かまどに火を起こしているうちにすべての料理をするという、時間的制約もなくなった。冷蔵庫、冷凍庫の普及により、毎日のように食料品の買い出しに行く必要がなくなった。電気洗濯機、電気・ガス炊飯器、電気掃除機、炊飯器にはタイマーがつき、電気洗濯機は（乾燥機も含めて）全自動となっていった。家電製品の普及としては、白黒テレビからカラーテレビへと変わり、エアコンも普及した。いうまでもなく家電製品ではないが、自動車も普及し、一家で車を複数台持つ家庭も増えた。これらは家庭内外におけるレジャーの過ごしかたを変えた。

今から四〇年近く前のことになるが、農家の縁側に高齢の女性が座っていた。年齢とは無関係な仕事をしてきた人の美しさがあり、きりっとした雰囲気を持っている。ただ、立ち上がって歩き始めると、腰がほぼ九〇度近く直角に曲がっていて、上半身が地面とほぼ平行になった。おそらく、田畑の稲を植えたり、長時間の草取りの作業を毎日のように繰り返し何十年間も続けてきた結果、そのような身体の体型になったことと推測された。産業構造も変化し、農業従事者も減少するとともに、農作業も機械化された。

かつては未婚の女性と出産して子育て中のお母さんとは外見から見分けがついたが、今はつかなくなった。女性の意識とともに、出産後の身体ケアも変わったものと思われる。おそらく、人類の歴史的に見て、女性の地位向上と社会的活動を推進するのに最も貢献したのは——もちろん、社会階層によっては、そもそも家事も育児も負担しなかった貴族階級等も存在するが——科学技術の進歩による、家庭電化製品の普及による家事労働の軽減、時間の短縮と、医学の進歩であろう。

人類において、長い期間、女性は、頻繁に血を流す存在として、穢れを帯びており、理解できないがゆえに恐怖感を伴った対象として認識されたのではないだろうか。医学による女性の生理血に関する解明は、忌み的なイメージを持つ女性から、合理的に理解できて説明がつく、もはや恐怖感を持つ必要がない、客観的な医学によって解明された身体的メカニズムを持つ女性へと変化させていく力があったと考えられる。

二〇一四年、日本における女性の平均初婚年齢は二九・四歳となった。四四年前の一九七〇年は二四・二歳であった。四四年間で約五・二歳上昇した。男性の平均初婚年齢は三一・一歳となった。一九七〇年には二六・九歳。男性は四・二歳上昇した。

男女ともに晩婚化が進んでいる。それは別の表現を用いれば、未婚化が進んでいるということである。男性の未婚率は、二五歳から二九歳の年齢層において、一九六〇年には四六・一％であったものが二〇一〇年には七一・八％になった。三〇歳から三四歳の年齢層において、一九六〇年に九・九％であったものが二〇一〇年には四七・三％になった。三五歳から三九歳の年齢層においては、一九六〇年に三・六％であったものが二〇一〇年には三五・六％となった。

この未婚率の数値は、一生結婚しないであろう男性、あるいはこのような表現が許されるのであれば、希望しても結婚できないで一生を終えていく男性が、おそらく二〇％から三〇％発生するのではないかと予想される。こうなると、未婚化ではなく、「無婚化」こそが用いられるタームとしてふさわしいのではないかと考えられる。

女性の未婚率は、二五歳から二九歳の年齢層で、一九六〇年には二一・七％であったのが二〇一〇年には六〇・三％、三〇歳から三四歳の年齢層で一九六〇年に九・四％であったものが二〇一〇年には三四・五％となっている。

女性の未婚率は、男性の未婚率とは意味が異なる。すなわち、出生時には、同じ年齢層で男子のほうが女子よりも五％ほど多く生まれる。しかし、乳幼児死亡率や小児死亡率が男子のほうが高いため、成人になったときには男女比はほぼ均衡を保っていた。しかし、乳幼児医療や小児科医療が進歩したため、男児が、ほぼ出生数のまま成人を迎えることになった。一概には言いがたいが、男子の年齢がそれより約三歳若い女性の人口と同一であるか、その年齢の女性よりも少なければ、結婚の機会に恵まれるかもしれない。第二次ベビーブーマーなどの変動があるため、これも一概には言いがたいが、少子化が進むもとでは、通常年齢の若い層のほうが年齢が高い層よりも出生数が少なくなりがちなため、結婚を希望する男性は、結婚を希望する女性よりも不利な立場に置かれる。

もし女性が、条件のよい就職機会に恵まれず、たとえ多少恵まれたとしても就職先で結婚退職が慣習化しており、経済的に自立していけなければ、生活のために結婚せざるをえなくなり、婚期も早まる。しかし、自分が望む仕事の内容の職業に就くことができ、その職場に一生または相当長期間安定して留まったり、十分に満足できる額ではなくてもそれなりに生活していくことができる収入が得られたりして、自分の望む自由をエンジョイすることができるのであれば、急いで結婚する気持ちにはならないだろう。また、女性が高学歴化しているため、たとえば二二歳で大学を卒業して、会社に就職して自分の仕事の内容に慣れるために頑張って仕事をし、少し責任のある仕事を任されて仕事する喜びを覚えて楽しく仕事をしているうちに、五、六年くらいはあっという間に経ってしまう。女性の初婚の平均年齢が二九・四歳になったというのも理解できないわけではない。

第一子出生時の母の平均年齢は、一九七五年に二五・七歳であったところ、一九九五年には二七・五歳となり、二〇一四年には三〇・六歳となった。平均初婚年齢と照らし合わせると、結婚から出産まで一年二か月となっている。いわゆる「できちゃった結婚」（「でき婚」）とか「おめでた婚」とか呼ばれる現象が珍しくなくなったことをこの数値が物語っている。

現在は減少に転じているようであるが、二〇一〇年に日本における嫡出第一子出生数のうち、妊娠期間よりも結婚期間のほうが短い――すなわち結婚以前に妊娠している――割合は、二〇一〇年においては二〇―二四歳の婚姻女性の三分の一を占める。二五歳から二九歳では約一五％となっている。「結婚が墓場」なのかどうかは知らないが、それまで満喫できる自由を放棄して、配偶者と婚姻生活に入る目的の一つが子どもを産み育てることであり、「婚前交渉」が――ひょっとしてこの言葉自体がもはや死語になっているのかもしれないが――自然なことであるならば、性行為の相性や二人の間で子どもができる相手であることを確かめてから結婚したとしても、それは合理的な意思決定に基づくものと考えてもいいであろう。とりわけ晩婚化が進み、現在「高齢出産」と認定される三五歳まではいかず三〇歳前後には第一子を出産したいと考える女性も多いものと思われる。

日本においては、非嫡出子の数が少ないということが、世界的に見た場合の特徴の一つである。日本における非嫡出子の出生児に占める割合は、一九八〇年には〇・八％であり、二〇〇六年には二・一％であった（なお、第二次世界大戦敗戦以前の非嫡出子の出生率は、戦後よりも高く、一九〇〇年には九・四％であった）。ヨーロッパでは、たとえば二〇〇六年の数値では、非嫡出子の割合はスウェーデンでは五四・七％、フランスでは五二・六％、英国では四五・四％であった。

したがって、日本では法律上の婚姻に非常に拘泥しており、結婚した後に嫡出子として出産するという形式を整えようとする意思が強いということもできよう。

晩婚化を促進する要因として女性の高学歴化と職業志向を挙げたが、もう一つそれを許容する要因があってはじめて、晩婚化は可能になっていると考えられる。それは生殖医療の進歩である。高齢出産を決断するにあたっては妊娠から出産まで、高度に信頼できる技能や機器によって担保された医療技術のサポートが得られるかどうかが重要な要素になる。

加齢に伴って、たとえば二〇歳前後と異なり、卵子や胚がいわば劣化したり、生殖機能が衰えることが知られているが、他方で、日本ではそれを補足したり補充したりする妊娠出産に関する医療や、生殖医療や生命科学が大きな進歩を遂げている。高齢出産の定義も、一九九三年から、従来の三〇歳以上から三五歳以上の初産婦と改められた。三〇歳代の初産が増加するとともに、産科医療の進歩によって三〇歳代前半の出産のリスクが低減したということでもある。

それを利用することになるかどうか、あるいは、それを利用するつもりなのかどうかは別として、人工授精および体外受精という生殖医療があるということは、女性の結婚、出産の時期をより遅くに設定するという行為に重要な影響を与えていると考えられるし、今後も与え続けるであろう。それがどのような目的でどのように用いられるかは非常に微妙な問題であるが、出生前診断についても同様である。

長足の進歩を遂げた生殖時補助医療の人工授精においては、夫の精子と妻の卵子を用いた体外受精についても、排卵誘発剤を用いて複数の卵子を成熟させたのち卵子を取り出し、選別した運動性のよい精子とともに培養する方法に加えて、体外に取り出した卵子に、顕微鏡下で人為的にただ一つの精子を注入して受精を行う顕微授精などの方法がある。

胎内から成熟した卵子を取り出せない場合、未熟な卵子を取り出して体外で成熟卵まで培養して、顕微授精を行って、受精卵を胎内へ戻すという方法が用いられる。

さらに、体外受精を行ったときに良好な胚を凍結保存して、後に凍結融解した胚を移殖するという方法も開発されている。

これらの受精にあたっては、第三者の卵子や精子を用いることも十分に考えられる。さらに、出産にあたっては、いわゆる「借り腹」と呼ばれている代理出産も考えられる。

わが国では、従来卵子の提供や代理出産について法律的な定めがないままできたが、二〇一六年に法整備が行われ、国会へ上程する原案が固められた。それによれば、卵子を提供した女性ではなく産んだ女性が母親となり、ただし代理出産の場合は、依頼した夫婦と生まれた子どもとの間で親子関係が成立しうる工夫をすることとなっている。なお、夫が同意した上で、第三者から精子を提供されて妻が出産した場合は、自動的に夫の子どもということになる。(2)

出産に関わる医療の進歩と生殖補助医療の進展が女性のライフスタイルの自由度を高め、選択肢をより多様なものとしてきているといってよいだろう。

第4節　女性犯罪

女性の意識変革や、社会進出など、活躍の場が増大するにつれて、女性の犯罪が増加したとしても不思議ではない。しかし、幸いなことに、全体量として見る限り、そうした特徴が現代日本の犯罪状況に現れているとはいいがたい。

女性の一般刑法犯の検挙人員の数が増えているとか、女性の人口一〇万人あたりの検挙人員の割合が増加しているということはない（一般刑法犯とは、刑法犯の検挙人員から自動車運転過失致死傷の検挙人員を引いた人数である）。

検挙人員で見ると、大きく減少している犯罪として嬰児殺が目立つ。一九九三年は五二人が検挙されたが、二〇一六年は九人となっている。この犯罪はほとんどのケースが女性によって行われるという特徴がある。ただし、嬰児殺は、女性が犯罪を行ってはいるが、むしろ男性の被害者ということができるであろう。減少が顕著な女性犯罪としては恐喝がある。一九九三年に六四二人であったが二〇一六年は一一九人となっている。五分の一程度に減少している。ただし、この大幅な減少は男性による恐喝にも見られる。

大きく増加したのは、暴行で二九八人から二五四八人となっている。男性は同じ期間に六二七二人から二万三一八八人へと増加している。暴行が増加したのは両性で同様であるが、女性の伸び率のほうが高い。増加傾向にあるものとしては他に偽造がある。一九九三年が二二一人であるのに対して二〇一六年は三〇八人となっている。男性は一二一七人から一〇七一人へ減少している。

その他の犯罪については、微増や微減が見られるものの、ほぼ横ばい傾向になっているということができ、その趨勢は男性と大きな隔たりがあるものではない。

以上のように、いくつかの犯罪において、女性犯罪の異なる変化が見られるが、女子の検挙人員総数としては、男性よりもはるかに少なく、男女を合わせた一般刑法犯の全体の趨勢とほぼ同じ傾向を示しているが、男女を合わせた全体よりも数年遅れて二〇一〇年から、女性の一般刑法犯の検挙人員と人口比の両方とも減少傾向にある。

それ以前は、敗戦後の混乱の時期の増減を除いて、一九五五年から女性の一般刑法犯の検挙人員はほぼ増加傾向にあったが、二〇〇一年にピークとなって減少へ向かった、しかし、二〇〇四年から増加傾向にあった後、上述したように二〇一〇年から減少している。

しかしながら、刑務所の女性の新収容者数については、二〇〇六年以降、男性の受刑者が七割にまで減少しているにもかかわらず、女性はほとんど減少していないという特徴が見られる。検挙と比較した場合、刑務所への入所はより重い罰であり、その意味で、刑務所への入所人員は、過去二〇年ほどのトレンドで見た場合、一九九三年から二〇〇六年まで増加傾向が見られ、二〇〇六年以降はほぼ横ばい傾向にあるということは、一つの顕著な特徴を示しているということができるかもしれない。より正確に言えば、女性の検挙人員が減っているにもかかわらず、女性の刑務所への入所人員が増加したり、その後横ばい傾向にあるということは、警察段階における警察の微罪処分や、検察庁で不起訴や起訴猶予になったり、裁判所の刑事裁判で執行猶予を付けることが認められなくて、刑事裁判で、懲役の実刑になって入所することになったものであり、より重い罰を受ける女性が増えてきたということができる。

ただし、入所受刑者の罪種で見ると窃盗が約四五％、覚せい剤が約三七％となっている。この二種類の犯罪で受刑者の約八割を占める。女性が行って検挙される犯罪としては因習的（conventional）というか、適切な言葉がないのでこのような表現を用いるのを許していただけるならば、定番の、いつもながらの犯罪が大多数を占めているということになる。

二〇〇二年から二〇一四年までのスパンを年末の受刑者数で見ると、「文書偽造・有価証券偽造・支払い用カード電磁気的記録関係・印章偽造」が増加しているわけではない。「横領・背任」も増加しているわけではない（ただし、横領が占有離脱物横領（遺失物横領）を含めているのか不明のため、職業生活による犯罪の指標として扱いうるかどうかには注意を要する）。また、「詐欺」は一時期増加したものの、元の数値の水準に戻ってきつつある。ただし、そもそも詐欺は、一般の人々が抱く印象とはまったく異なり、一般的には無銭飲食が多くを占め、知能犯とか職業上行う犯罪の指標とするのは妥当ではない。「贈収賄」は、男性で一桁から二〇台までの幅で見られるが、女性は例年ほぼゼロである。

「暴行」で刑務所へ入る女性はいてもほんの数人であるが、それよりも暴力の程度が高い「傷害」については、年末の女性の受刑者数では、一九九三年の五人から二〇一六年の四〇人というように一般的な増加傾向が見られる。

「窃盗」については、女性の入所受刑者は、一九九三年は一七二人であったのに対して二〇一六年は九一一人というように、また、年末の女性の受刑者数でみても、一九九三年の二九九人から二〇一六年は一三四九人へというように、過去約二〇年間で女性の入所受刑者および年末の女性の受刑者数は顕著に増加した(3)。これに対して、「覚せい剤取締法違反」については、入所受刑者数の上でそれほどの変化はない。また、窃盗による入所受刑者が増加した分、覚せい剤取締法違反者については、女性の受刑者に占める割合は減少してきている。

なお、以上、入所受刑者と呼んできたのは、その年に新たに刑務所へ収容された女性の数である。あえていえば、新受刑者といってもよいかもしれない。いうまでもなくそれらの新受刑者は、刑期が一年未満で翌年には刑務所からいなくなるというわけではないので、各年末の収容者数は別の動向を示す。女性の刑務所の収容者数は二〇〇一年の約二七〇〇人から、二〇〇六年に約四五〇〇人と、短期間に一・六倍となり、その後ほぼ横ばい状態にある。

女性受刑者の増加に対応するために、岩国刑務所のように、以前少年刑務所であったものを女性のための刑務所に変えたり、福島刑務所のように女性の受刑者のための刑務支所の建設を行ったり、従来の女性の刑務所の増築、増室を行ったりした（刑務所は、基本的には、男女別々の施設であり、一般の人々に分かりやすいように女子刑務所と呼んでいるが、正式名称としては「女子」ということばは入ってはいない)。

二〇〇一年から二〇〇六年までは女性の刑務所の収容率は一四〇%近くになっていたが、上記のように施設を増築したり新築したりしたことによって改善され、その後約九一%にまでなっている。

なお、刑務所では、収容率が一〇〇%近い数値となったときは、すでに過剰収容状態である。けんかなどの暴力事件や対立が発生したときには、それらの受刑者を同じ集団房に収容し続けることは事件が再発する可能性が高いため分離する必要があるが、それが不可能になり、受刑者の安全を確保することは容易でなくなり、刑務所の治安を維持することも難しくなる。また、過剰収容状態になると、プロクセミックス(空間の距離の認識のされ方)の原理からいっても、受刑者間のトラブルが起こりやすくなる。さらに、心身の不調を訴えたり、不適応を起こす受刑者も増えてくるが、それらの受刑者に単独室をあてがうことも困難になるなど、刑務所は非常に厳しい状況に置かれることになる。

二〇一六年の入所受刑者を年齢階層別で見ると、二九歳以下が約一〇%、三〇歳代が約二一%、四〇歳代が約三〇%、五〇歳以上六四歳以下が約二一%、六五歳以上が約一八%と、六五歳以上の高齢者が占める割合が男性の受刑者と比較して高い。

法務省法務総合研究所が『平成二五年版犯罪白書』の特集として行った「女子の犯罪・非行」の調査報告によれば、二〇〇八年から二〇一二年に刑務所に入所した女性のうち、六五歳以上の入所受刑者は一二一六人で、この期間の入所受刑者の約一一%を占める。この高齢入所受刑者を罪名別で見ると、窃盗の割合が約七八%と圧倒的多数を占め、覚せい剤は約五%である。これに対して、二九歳以下の女性の入所受刑者は一五六六人いるが、その罪名別の内訳は、窃盗が約二〇%で、覚せい剤が約五二%となっているのと対照的である(4)。

この六五歳以上の女性入所受刑者の婚姻状況は、有配偶者が約三四%、死別が約三〇%、離別が約二八%、未婚が約九%となっている。さらに、この六五歳以上の入所受刑者の入所回数は、初めて刑務所へ入る女性が約五二%、二回目が約一六%、三回目が一七%、六—一〇度目が約一〇%、一一回目以上が五%となっている。

六五歳以上の高齢になって初めて刑務所生活を経験するというのは、まったく新しい慣れない生活環境に置かれることになり非常に過酷なものに感じられることであろう。また、一〇回近く、あるいはそれ以上の回数を刑務所に出たり入ったりして過ごす一生というのも、一人一人の人間にとってそれぞれの人生がかけがえのない貴重なものであることを考えた場合、晩年の人生は幸福に送ることが望ましいのであり、刑務所を終《つい》の棲家としたり、刑務所で認知症や統合失調症を発症することは避けられてしかるべきことであり、また人権の観点からも問題があるといえよう。

現在、矯正や更生保護と社会福祉との連携が進められていると聞くが、窃盗事犯の高齢者を刑務所で処遇しなくてすむような法改正、法律の制定、新しい制度の考案や基準の改定、高齢者になる以前の時点で、窃盗で刑務所に舞い戻ってこないですむための法改正や、新制度の創設を伴う法律の制定、入念に考案された施策がいっそう強く要請されていると考えられる。

〔注〕

（1）私事にわたって恐縮だが、これは一九四七（昭和二二）年に、東海地方で初めて（予科ではなく）学部の学生として（旧制）大学へ入学した二人の女子学生のうちの一人である母からの聞き書きによっている。ただし、東北帝国大学は一時期女性を学生として受け入れていた。

（2）この法律は出産ということを前提としているが、生殖医療の研究が進んだ結果――それが倫理的に認められるのかどうかという問題は別として――いずれ将来は体外受精してもそれを母胎へ移植するということを必要としない時代が来るであろう。

（3）この原因として、二〇〇六年五月に導入された窃盗の罰金刑が影響していることが推認される（『平成二六年版　犯罪白書　窃盗事犯者と再犯』参照）。

（4）『平成二六年版　犯罪白書』（法務省法務総合研究所）の特集「窃盗事犯者と再犯」においても、「窃盗の入所受刑者の執行猶予歴の有無別構成比をみると、窃盗は、窃盗以外の罪名と比べて、執行猶予歴を有する者の割合が高いが、その傾向は女子において顕著であり、更に女子について、執行猶予期間中の再犯により入所する受刑者を年齢別に見ると、高齢者が最近一〇年間で六倍に増加している。……（中略）……窃盗による女子の初入者において、高齢者の人員が最近一〇年間で約五・五倍に増加し、それに伴い全年齢層に占める高齢者の割合も約四・六倍に増加している」（三二一頁）と述べられている。

第5章　メディア——出演経験から犯罪報道を考える

第1節　マスメディアへの出演経験から

犯罪や少年非行を研究していることもあり、テレビからしばしば出演依頼を受けてきた。新聞も事件報道の際にコメントを求められたり、新聞や雑誌に執筆したりもしてきた。この本を含めて、複数の本を執筆し、監修も行った。その意味で、経験に基づいて、メディアについて語ることができることをうれしく思う。

土曜日の夕方に、その週のできごとを振り返るニュース番組にコメンテーターとして出演していたことがある。女性キャスターの隣に座ってコメントをする役である。その週のメインのニュースに合わせて、ある週は犯罪に詳しい私が、別の週は経済に詳しい専門家が、というように、数人のコメンテーターが不規則のローテーションで出演するというものだった。

そのとき番組を見た同僚や知人からよく言われたのは、コメントの内容についてではなく服装についてだった。同僚であれば、コメントについてコメントすることは、もともと大学の教員はそれぞれ一家言あって、自分の意見を主張して容易に譲らなかったりもするため、意見を異にして議論になって気まずい思いをしたり、悪くするとけんかになったりするのは避けたいという意識が働いていたのかもしれない。

知人であれば、単にテレビ番組に出演していたのを見たと一言いうだけではほんとうに見たかどうか疑われるといけないので、ただ見たという証拠になることとして服装について言及し、サービスで一言感想めいたものを付け加えるということであったであろう。

しかし、その服は私が自分で選んだものではなかった。夕方の番組のために、女性キャスターは昼ぐらいには放送局に到着し、髪のセット、メイクアップ、衣装合わせなどに長い時間をかける。しかし、横に座る男性のコメンテーターは、顔が、汗ばんでいたり、脂ぎっていたりするのを、押さえるだけである。古い人間であるため、最近の呼び方を知らなくて恐縮だが、おしろいを塗るときに使うパフ（?）で、パンパンというかトントンと軽くはたく程度である。

服は自分が買ってきたものでもなく、また自分で選んだわけでもなく、テレビ局であらかじめ用意してくれている服を着て出演するわけである。袖とか裾は内側がピンでとめられていることが多かった。したがって、着ている服に自分の趣味が反映されているというわけではないのだけれども、視聴してくれた人は感想や助言を与えてくださった。出演を重ねるにつれてなんとなく分かってきたのは、あくまでも女性キャスターの服装がメインであり、女性キャスターの服がテレビ画面でいっそう映えるような取り合わせにしてあるのではないか、したがって女性キャスターの服の色と補色関係にある色合いなどが選ばれているのではないかということであった。番組の最後のエンドロールでは、衣装提供の企業名が流されていた。

生放送であったので、番組の最中に予定外のことが起きることもあった。準備の段階では良好とされた、祭りか何かの現場からの中継が突然つながらなくなったことがあったが、素人ながらなんとか援助の手を差し伸べることができ、どちらかといえば迅速の部類に入るとは思われない自分にもこんな才能があったのかと驚いたこともあった。

その番組が改編でなくなったのちは、ウィークデイの夕方のニュース番組で、犯罪について説明する依頼となった。

幸い、NHKと地元のすべての民放の放送局に出演するという経験をさせてもらった（余談だが、NHKの出演のお礼が、NHKしか受信できない携帯ラジオであったりしたのはほほえましかった）。民放のテレビ放送局は、視聴者にはどこも同じように見えるかもしれないが、放送記者に大きな違いもあった。

事件発生当初は、いったいどのように事件を捉えたらいいのか、キャスターの人も記者の人も分からない、手探り状態の時期ということができる。何をどのように報道したらいいのかについて、たいへんな緊張を強いられる。たとえば殺人事件が発生し、被害者は確定されているが、加害者はまだ逮捕されていないような場合である。事件は今後どのような展開を見せるのか、いったいどのような人が容疑者として逮捕される可能性が高いのか、捜査が進展するにつれてどのようなことが判明するのか、それらについてある程度の予測を得たい、今後についてのある程度の展望を得た上で報道に臨みたいというのも、私が呼ばれた理由ではなかったかと推測される。

したがって、事件についての説明が録画され、編集されてその一部が放送されるわけだが、特に放送局に呼ばれて、事件についてのコメントを録画するような場合に、わたしが心がけたのは、視聴者にできるだけわかりやすくきちんと説明するということはいうまでもないことであったが、編集前の収録ビデオをニュースキャスターがあらかじめ見たりすることが十分に考えられ、また番組担当者は録画されたテープから放送するのに適切な場面を切り出すために確実に見ることになるので、できるだけ番組スタッフのために、当該の事件以外の他の類似の事件と比較考察した上でこの事件の位置づけを行い、今後の見通しや展望が得られるような情報を提供することであった(1)。

事件発生直後の少ない情報の下で番組を作っていかなければならない報道担当者としては、翌日、翌々日と次第に情報が蓄積されて事件の真相が見えてくる段階の報道と、まったく違った見当外れの内容の報道を初期の報道でしてしまわないようにしたいという考えはつぶさに持っておられたことであろう。

認可された公共の電波を用いて、たとえばニュースキャスターは、数十万人、場合によっては数百万人から数千万人のことさえもありうる視聴者に、正しい情報を、瞬時に一斉に伝達する社会的使命を帯びている。ニュースキャスターやニュース番組のスタッフはたいへんな緊張にさらされている。誤った情報はその瞬間に訂正することができない。訂正できるとしても後ほどであり、そのとき間違っていた情報を流し、訂正したという事実は残る。誤った直後に、イアフォンを通じてディレクターからの指摘によって訂正できれば幸いであるが、番組終了後に誤りが発見されたような場合は悲劇である。

年月の経過とともに、特定の局からの出演依頼が増えてきた。次第に事件現場での撮影が多くなったが、これは有難いことだった。こうした機会がないとなかなか現場へは行けない。後で一人で行ったのでは、犯行現場は漠然としており、まさしく犯罪が行われた現場の場所をピンポイントで確定することは容易ではない。現地へは少なくとも記者、カメラマンと音声を録音する人にわたしを加えた最低四人以上のチームで急行する。テレビカメラは一台一〇〇〇万円以上する精密機器で、一個何百万円もするレンズが付いている。

現場へ到着してみると思わぬことが判明したりもする。ある事件現場では、都市近郊のもともとは田畑が広がる地域に、立派な道路が大きな高架とともに側道もともなうかたちで建設されていた。全体として、高架の道路が視界を遮る巨大な遮蔽物の役割を果たしている。さらに、道幅の広くりっぱな道路でありながら、それほど車の通行が頻繁ではない道路は、犯人が現場を迅速に離れて逃走するのにうってつけの条件を提供している。広がる田畑のなかには休耕ののち耕作が行われなくなった土地があり、そこには自動車が放置されている。窓ガラスは割られ、錆が吹き出ていて、うらぶれた雰囲気をかもしだしている。耕作地の周りには水路を導くための溝がある。それは周囲の田畑より低くなっており、その溝へ引きずり込まれてしまったならば、もともと通行人は少ないと思われるが、そこで何が行われても少し離れた通行人からは気づかれることはない。

犯罪学の「状況的犯罪防止」の観点からは、もっとも犯罪が誘発されやすい環境条件となっていた。「状況的犯罪防止」には潜在的犯罪者のアクセスを制限するということが犯罪防止策の一つとして唱えられているが、そればかりではなく、もし犯罪が発生した場合には、その犯罪者の退路をも遮断する状況にしておくこと、容易に逃走することが不可能な環境としておくことも必要ではないかと考えられた。

第2節　犯罪報道について

マスメディアによる犯罪報道の第一報のほとんどは警察の記者会見によっている。記者会見は記者クラブにおいて行われ、そこにはその記者クラブのメンバーが参加している。

警察本部や、警察署の記者クラブであれば、その地域のマスメディア関係の各社、すなわち地方紙の新聞社、全国紙のその地域の本社や支社、地元のテレビ局、共同通信や時事通信などの通信社が参加している。共同通信は、新聞とテレビ局各社が出資して設立した社団法人の通信社である。記者クラブは親睦団体となっている。

首都圏の警視庁では大規模なため、複数の記者クラブがある。そのいずれかに、全国紙の新聞社、東京新聞、全国ネットのテレビのキー局に加えて、前記の通信社である共同通信や時事通信などが参加している。新聞社系の記者クラブが古く、その後、テレビ局を中心とした記者クラブが設立された。記者クラブは名目的には親睦団体となっているが、その記者クラブが置かれている官庁においてスペースと通信設備の使用を認められるとともに、その官庁の発表する情報を独占している。

このことを、わたしの友人である地方紙の記者がその新聞社の東京支局に転勤になったときのことを例に話そう。わたしは東京へ転勤になるというのは大出世で、いろいろな官庁に出入りすることができ、在京中に非常に活躍できるものと思っていた。

しかし、彼の話によれば、自分が勤務する新聞社は在京の記者クラブに所属していないため、その官庁を訪ねていくことができず、中央官庁の情報は、共同通信から自分の新聞社へ配信されているとのことであった。それで東京で何をしているのかと尋ねたところ、もっぱら地元選出の国会議員と会って話をしているとのことであった。

記者クラブのさまざまな弊害や問題点が指摘され、とりわけ外国の通信社やマスメディアからの厳しい批判と改革の要望が寄せられているが、記者クラブはほとんど変わる気配がなく今日まで来ているように考えられる。ソーシャル・メディアが発達してきた現在、既存のマスメディアにとって、伝統的な記者クラブという官公庁の情報を排他的に独占する「制度」は——あえていえば経済的な意味においても——存続の生命線の役割を果たすのではないか、と私には思われる。

記者クラブに所属するマスコミ各社の記者は、記者クラブの自社のブースに出勤すると、たとえば捜査一課などを回ってあいさつし、大きな事件が発覚して捜査が本格化していないか、何か新しい動きをしていないかを探る。なにか思い当たることや気がつくことがあったり、記者会見で事件について発表が行われたならば、他社に気づかれないようにして、自分が親しくしている捜査責任者や捜査担当者の自宅を、いわゆる「夜討ち朝駆け」をして補足情報を収集して、記事を執筆する。重大事件の発生や捜査の重大な進展に気がつかず、他社や他局が大々的に特ダネとして報道したにもかかわらず、自分たちがそうした事件や重大な転機をきちんと把握しておらず、記事にできなかった場合は「特オチ」をしたということで、上司から大目玉を食らってしまい、他社が特ダネとした事件に関して、遅ればせながら、次の新聞の刊や版に掲載したり次のニュースで報道するために、「追っかけ」取材をすることになる。[2]

ただ、わたし自身の勝手な考えを述べさせてもらえば、これはマスメディア、とりわけ新聞社の経営が安定していて、余裕があった時代の取材活動モデルではないかと思う。新聞社は次第に社会部に多くの記者を配属させられなくなってくるであろうし、実際にそうなってきているのではないだろうか。新聞社や放送局などのマスメディアに採用されて、まず社会部の記者として、取材の基礎を一から経験的に学ぶ修行の場になっているとのことだが、「夜討ち朝駆け」とか、担当者との信頼関係の確立、人心掌握術の体得とかいってみても、記事になる情報を役人からなんとか流してもらう努力をするという意味で――あえて日本の事件報道に批判的だった人が用いていたと思われる言葉を使わせていただけば――『「発表先取型」報道』の訓練をさせている面もあるのではないだろうか（牧野洋『官報複合体』講談社、二〇一二年、二六四頁）。

有力な政治家や一流企業の経営者のトップ層の逮捕ということであれば、取材活動に熱がこもるのも分からないではない。しかし、通常の犯罪に関して、それが人身犯の犯罪であったとしても、他社に遅れをとらないで報道するために精魂を尽くすのは、マスコミ人やジャーナリストの潜在的に豊かな人的エネルギーの有益な使いかたや有効な養成方法とはいえないように思われる。通常の犯罪事件報道の領域については、競争の時代は終わり、通信社に任せたり、互いに連携しあったりして、共同と協働の態勢に入っていき、より重要な領域のマスコミ活動を充実させていくのが望ましいのではないだろうか。

日本では、犯罪報道は検挙時から実名報道となっているが、これは世界の常識というわけではない。約三〇年前、スウェーデンにおいては、マスメディアの団体の自主的な取り決めとして、逮捕時には実名報道をせず、第一審の刑事裁判で有罪になったのちに実名報道にするという、いわゆる「匿名報道」が日本に紹介されて提唱されたとき（浅野健一『犯罪報道の犯罪』学陽書房、一九八四年）、日本のマスメディアからは強い反発と反論が寄せられた。

わたしは、このときの裁判官出身のプレスオンブズマン（Press Ombudman）[3]には接近しなかったが、その後数代のプレスオンブズマンには、自宅やオフィスを訪ねてインタビューをした（拙稿「オンブズマン」岡沢憲芙・宮本太郎編著『スウェーデンハンドブック　第2版』早稲田大学出版部、二〇〇四年)。

当初スウェーデンに留学していたこともあって、他国の状況については関心を向けなかったが、現在のヨーロッパを見てみると、容疑者の氏名に対するこのスウェーデン式の犯罪報道の方法は、とりわけ通常の犯罪に関しては、ヨーロッパでは珍しくもなんともない、ごく一般的な報道のされかたとなっている。たとえばオーストリアでは、逮捕の時点では、ファーストネームは記載しても、ファミリーネームは最初のアルファベットの頭文字のみの記載であり、本人と同定することのできる顔写真をそのまま掲載するようなことはない。少なくとも顔写真には眼に黒いラインを引くなど、加工が行われている。

日本は、敗戦後、連合軍といっても実質的にはアメリカ合衆国軍の占領下にあったこともあり、現在、アメリカ合衆国型の犯罪報道が行われているように思われる。アメリカ合衆国では報道の自由が尊重される伝統があるとともに、国土が広く、州ごとで憲法、刑法をはじめとする一般の法律が異なることなどバラエティに富むこともあって、全国にわたって情報の共有が促進される必要があり、マスメディアには優遇された地位が与えられている。

二〇〇三年に発生した国際センタービルの爆破事件以降の法律の制定や改正によって、機密扱いされる対象が増加したりはしたが、マスメディアに権力を監視する機能を期待することもあり、基本的にはマスメディアによる自由なアクセスを尊重するというスタンスを持っている。たとえば日本では、二〇一〇年に初めて死刑の執行場が、法曹記者クラブのツアー形式をとるかたちでマスコミ関係者に公開された。しかし、アメリカ合衆国では、マスコミ関係者に対して死刑を公開しており、マスメディアの記者は実際の死刑の執行そのものを見ることができる。

世界で最初に少年裁判所が作られたシカゴの少年裁判所で、一九九四年にわたしは少年審判を書記官の席から連日参観させてもらう機会を得たが、その際に審判廷の最後部にはベンチシートが設置されているのに気がついた。アメリカ合衆国でも少年審判廷は非公開だと聞いていたので、何のためにあるのかと尋ねてみたところ、マスコミ関係者の席とのことであった。日本では、少年審判非公開の原則のもとに、マスメディアはもとより大学研究者にも扉を閉ざされているのだが、アメリカ合衆国ではまったく異なる対応が取られている。このように、アメリカ合衆国ではマスメディアに与えられているアクセスとフリーハンドの範囲が日本とは大きく異なっており、その上でマスメディアによって作られる自主的なルールも異なっているように思われる。

心理療法のセミナーの講師として来日した、友人のアメリカ合衆国の社会学者は、アメリカ合衆国は国土が広いので、人はどこかへ逃げて行って新しく人生をやり直すことができるが、日本はそんなわけにはいかないようだと語っていた。スウェーデンは、国土は日本より広いが北部は人が住めない寒冷地となっているし、人口も一〇〇〇万人未満であり、いったん犯罪者のレッテルをはられてしまうと、周囲ばかりではなく離れた人々に知れ渡ってしまい、排除される可能性が高く、社会復帰が拒まれやすい。人口密度の高い日本では、なおさらそうした状況が出現されやすい。さらに、日本は、個人志向というよりも集団志向の傾向が強く、過ちを行った人を集団、組織そして社会からいったん排除してしまうと、再び受け入れるという姿勢に乏しい面がみられる。スウェーデンでは、人権への配慮とともに、社会復帰を阻害しないためにも犯罪報道に関する配慮が行われているが、引き続き日本のマスメディアにとって学ぶ点があるように思われる。

おそらく、わたしが歳を取ってしまったために、こうした見方をするようになってしまったのではないかと思われるが、最近のマスメディアの記者には、人権に関する感受性に乏しい行動が見受けられるように思われる。犯罪報道の分野でいえば、処罰するのは刑事司法の役割であって、マスメディアの役割ではない。実名による報道が無制約的に濫用されており、弊害がもたらされる現象が出現している。ただし、これもわたしの思い込みで、最近ではなく以前から同じように行われていたことかもしれない。しかし、いずれにしても、現状は改善される必要がある。

犯罪報道を容疑者の実名を記して行うときには、その犯罪の事実を正確に記述するというばかりではなく、実名を記すことによってその犯罪を行った者――実際には行ったという容疑をかけられている者――に制裁を科すという意図が含まれているように考えられる。ひょっとしてその記事を書いた記者はそのような意図は持っていなかったと主張するかもしれないが、「未必の故意」としては行っているといえる。なぜならば、実名を記すことによって、その犯罪者が非難や侮蔑を与えられ、社会的地位を低下させられ、結果的に社会的制裁を受けることになることについては十分に自覚していると考えられるからだ。このことは、刑事裁判の判決で、懲役の実刑ではなく執行猶予を付ける判決を言い渡すような場合に、あるいは検察官の求刑通りではない刑期の短い判決を言い渡すような場合に、しばしば「この事件については報道によって広く知られるところとなり、職場も辞めることになるなど、すでに社会的制裁を受けており」といった文言が見られることからも明らかといえよう。

わたしがここで述べようとしている「実名報道の濫用」による弊害とは、処罰されるに至らないような微罪の犯罪についてまでわざわざ実名報道をして、その人を辱め、広くその人を犯罪者として流布させるとともに、その人が所属する組織の評判を下落させ、社会的地位の降下を行うことは好ましくないのではないか、ということである。

昔と異なり、現在は情報化が進展し、デジタル化されたビッグデータの時代に入った。いったん新聞などで人名を報道されてしまえば、それは新聞データベース記録として未来永劫に残り、検索などによって容易に再生が可能になっている。年間約一三万人が検挙される窃盗事件のうちから、実名報道する一件を選び出し、その窃盗事件については、最終的に起訴もされず、したがって刑罰を科されることもないというような事件について、わざわざ実名報道する理由がどこにあるのだろうか。

わたしが具体的に把握している事件から一例を挙げれば、少額の窃盗事件に関して実名で報道されたが、その後、その事件は被害者と加害者の間で示談が成立し、不起訴になったという事件がある。被害者でさえも制裁を課する必要がないといっている事件について、被害者になり代わって社会的制裁を科すという資格を、その記者はいったいどこから付与されているというのだろうか。

読者や視聴者はこうした不起訴事件について、特段に名前を知ることを求めているとは思われない。もしたとえ好奇心を持ったとして、名前を見る一瞬の好奇心のためにある人の一生を傷つけたり、一生の汚名を与えて台無しにしたり、さらに死後まで辱めを与えるといったようなことが、社会の木鐸たる新聞などのマスメディアに期待された役割とはいえまい。おりしも、ヨーロッパにおいて、二〇一四年、「忘れられる権利」がヨーロッパ人権裁判所によって認められることになった。

すでに述べたような理由から、新聞、雑誌をはじめとするマスメディアは過当競争の時代となっており、新聞社の間での、雑誌の間での生き残りのための競争も激しくなってきているものと考えられる、またインターネットの普及に伴って、インターネットを通じて無料で提供される情報が増えており、潜在的な購買者の関心を引きつけ、購買行動へ結びつけるために、また購買者に継続的に購買を維持させるために、さまざまな工夫を考えたり行ってきたりしているものと推測される。センセーショナリズムに陥らないということはいうまでもないことだが、犯罪報道における実名の記載に関しても再検討する時期にさしかかっているのではないだろうか。

犯罪報道よりも、もっと力を入れて報道すべき分野があり、よりきちんと調査して報道すべきテーマがあるように思われる。

第3節　マスメディアの将来

一度、発生時に登場して説明した事件に新たな展開があったため、海外の学会大会へ出張中にそのコメントを求められたことがあった。テレビ局報道部のスタッフは当初海外出張中とは知らないで携帯電話にコンタクトを取ってきたが、最終的にキャスターと会話をし、その内容が、キャスターが電話をかける映像と事件現場の映像が組み合わされて放送された。そのときに、ホテルの部屋の電話でかけ直すことを提案したのだけれども、そのまま携帯電話でいいとのことで、携帯電話の音声が放送するのに十分な音質のレベルに達していることに驚いた。

二〇一六年七月中旬にトルコでクーデター未遂事件が起きた際の報道をBBCワールドニュースで見たが、BBCはトルコのテレビ局のニュースやトルコの民間の放送局を通じての大統領の記者会見をそのまま流すことがあった。現地はまだ早朝の四時台であった。別のトルコの放送局のスタジオにいるトルコ人の女性キャスターは、自分が手に持っているスマートフォンに映っている大統領の胸から上の正面の姿をスタジオのテレビカメラを通じて視聴者に提示しながら、トルコ大統領の健在を確認し、会話を行っている様子であった（BBC World News "Turkish Coup Attempt" 日本時間二〇一六年七月一六日午前一〇時五二分頃）。

現在は、わたしが海外での携帯電話の音質に驚いているような時代ではなく、現地に何千万円もする大きなビデオカメラを持っていかないと取材ができないというわけではなく、小さく機動性のあるソーシャル・メディアによるコミュニケーションが既存の通信メディアに入り込んでおり、とりわけ非常時には有益な役割を果たす時代になっている。非常に大規模の事故にせよ、巨大な災害にせよ、歴史を揺るがすような大事件にせよ、機動性がありコンパクトなスマートフォンが威力を発揮する時代が到来しているように思われる。

とりわけ、事件や事故、災害の現場に居合わせた普通の人がスマートフォンなどで撮影した映像は非常に貴重なものでインパクトも強い。そうした全くの素人による動画と、既存の放送メディアはどのように協調を図っていくのか、それをどのように取り込んでいくのかが重要な課題になっている。現在のところ既存の大手メディアのほうがはるかに高い信頼性を確保しているが、いずれは、ソーシャル・メディアを取り込んだり、それと協調を図ることは容易ではなくなり、個人が独立的にソーシャル・メディアを使ってそのときに自分が出会って録画した歴史的映像を自分なりのコメントを加えてアップして提示するばかりではなく、現場から中継する時代が、もうそこまで来ているのかもしれない。BBCをはじめとする世界的ネットワークを持つ放送局は、その個人に映像を提供してくれるように依頼して交渉し、その映像を放送局がタイムラグを伴って放送することになるのではないだろうか。

活字メディア――より正確には、紙媒体メディア――は、スマートフォンなどのソーシャル・メディア以前に、すでにインターネットの出現によって大きな脅威にさらされている。

英国では、二〇一六年三月、リベラルで信頼されていた新聞であるIndependent紙が紙媒体での発行を停止した。発行部数は二五年前のピーク時の一五分の一にまで減少していた。アメリカ合衆国の主要新聞であるニューヨークタイムズ、ワシントンポスト、ロサンゼルスタイムズ、シカゴトリビューンが記者スタッフや従業員の大量解雇を行ってからすでに久しい。ニューヨークタイムズ、ワシントンポストは全国民の関心を集める経済都市ニューヨーク、連邦政治都市ワシントンＤＣ及び外交、貿易などに関係する取材と報道を行うため、生き残ってはいるが、記者の数はニューヨークタイムズで千数百人にすぎないようである。

従来、アメリカ合衆国は、日本のように膨大な発行部数を持ち、全国をカバーする複数の全国紙はなかったが、地域に密着した質の高いローカルペーパーが全国至るところに存在しているというのが特徴とされた。しかし、そうしたローカルペーパーはインターネットの発達によって絶滅寸前状態にある。

日本のテレビ放送局は、犯罪事件の取材に関して、数の上で圧倒的に優位に立つ記者数を誇る新聞社に依存している部分があるが、新聞社はいつまでこのような人員体制を維持し続けることができるのか、疑問なしとはいえない。中長期的に見るならば、残念ながら、一部の新聞社で見られるような少額の給与カットで乗り切ることができるようなものではない。情報化の巨大な波は、対応を見誤れば、新聞社を飲み込んでいく可能性があるほどに、大きなものである。

古い話で恐縮だが、四〇年ほど前、わたしが地方から東京へ出てきて、アパートで暮らして学生生活を送っていたころは、同じような学生たちのところへ、次から次へと新聞の勧誘員が洗濯機の洗剤などの景品を持って来たり、数カ月間は無料にするのでといって勧誘に来たものだった。景品等の条件や紙面を比較したり、自分の志向との相性から判断して、結局は、一人暮らしであるけれどもいずれかの新聞を購読して宅配されることになった。新聞を購読することは、大人への一里塚のように思っていた。しかし、今や、地方から上京してマンションで一人暮らしをしている学生で新聞の宅配を受けている学生は稀有といっていいだろう。

インターネットに無料で配信されるニュース記事のほうがはるかに速報性があり、より詳しく知りたければ、それに関する数社の記事を比較すればいい。新聞社に限らず、通信社や、さらに独自に設立されているインターネット会社によって多数の記事が配信されている。紙媒体の新聞を宅配購読するメリットは見いだせなくなっている。

以前は、新聞社は朝刊と夕刊とのセット売りを基本とした。朝刊だけを購読することはできなかった。新聞社も朝刊と同様に夕刊の報道記事も重視しており、夕刊に掲載した記事は朝刊には掲載しないことを鉄則としていた。しかし、新聞を宅配される家庭でも、朝刊だけでよいという家庭が増えてきた。セット売りの原則が崩れ、夕刊の重要な記事は朝刊に重ねて報道されるようになった。夕刊の記事は、速報性は必要とされない、今日掲載されようが来週掲載されようが、あえていえば一か月後に掲載されようが構わない、暇ネタの内容が第一面の記事となった。まるで日刊雑誌といった感じだ。

通勤電車の車内で新聞を広げて読むサラリーマンの姿を見かけることはめったになくなった。全国紙はもちろんのこと、元気のよかったタブロイド判の日刊紙を読む乗客も、隣の座席に座ると自然に目に入ってくる紙面の写真が気恥ずかしくなるようなスポーツ新聞を広げて読んでいる男性の姿も見かけることが少なくなった。

新聞社は、宅配数の減少、販売部数の減少に加えて、広告収入の減少にも悩まされている。社会の変化には、一時的なもので時の流れとともに揺り戻しが起きるものと、一つの方向へ不可逆的に進むものとがあると考えられるが、新聞の紙媒体の発行部数と、広告収入の減少は後者に属する変化のように思われる。

このようなことをはっきり述べていいのかどうかためらわれるが、新聞社は自らの存立基盤であった宅配業務を行っている専売所の待遇改善を行うことなく本社の社員の待遇改善を優先させてきた。過去に新聞社が成長を遂げた時期に、専売所はもとより配達員の待遇が飛躍的に向上するということはなかったように思われる。

ここで「押し紙」の話をするつもりはない。宅配業務に限ってみても、一九九一年以来、毎月の休刊日が設けられているが、そうした日を除いて一年中、早朝からというかまだ夜が明けていない時間帯に起きて仕事を始め、間違いなく確実に、購買者宅へ届けるのは、厳しい労働である。実はわたしも学生時代アルバイトで新聞配達をしたことがあったが、恥ずかしながら長続きしなかった。早朝から起きて毎日同じことを正確にし続けるという仕事内容は、今どきの若者には好まれないであろう。

新聞は「社会の木鐸」であるといわれてきた。世の中の人々を教え導き、社会に問題があればそれに対して警鐘を鳴らし、その改善を提唱する、よりよい社会を実現する指導的役割を担っているものとされた。しかし、それを実現するためには、まず自らの足元の待遇をよくする必要があったにもかかわらず、それがなおざりにされ、等閑視されたように思う。

不思議な文章表現で申し訳ないが、いつのころからか重大とまではいえない警察官による犯罪が記事となって報道されるようになるとともに、他方で重大とまではいえない新聞社の社員や従業員による犯罪の記事がいつのころからか報道されるようになった。いうまでもなく重大事件のほんの一部ではあるが、事件を行ったとされる容疑者の職業が（元）新聞配達員と表示されるのを見るようになった。そして、わたし自身も、そのように書かれているのを見ても驚かなくなってしまった[4]。

いずれにしても、今後、新聞社はどのようにしてサバイバルしていくのであろうか。新聞報道はどのように変化していくのであろうか。

日本の出版社も、新聞社に劣らない困難な状況に置かれている。本の委託販売を引き受けている書店も同様である。

複数の著書を書き出版してもらい、お世話になってきたわたしとしても、非常に残念ではあるが、紙媒体による本という出版形態は――日本では、たとえば教科書といった一部の分野を除いて――衰微へと向かいつつあるのかもしれない[5]。

犯罪研究の分野から見て、出版動向でもっとも残念なのは、月刊誌の退潮である。総合月刊雑誌では、その雑誌の売り上げによる利益と広告収入による利益によって発刊が維持されていたが、企業からの広告費が、インターネットなどの他の媒体に支出されたり、一般的な経済不況や購買を促進しようとしている特定の経済分野の需要が縮小し、その雑誌に広告を打ったとしてもそれだけの費用対効果が期待できなくなったりして、広告収入が減少する。他方で、雑誌の購入に際して求められる金額を払ったとしても、それに見合うだけの自分が欲しいと思っている情報が得られるというわけではなく、その程度の情報であればインターネットで無料で手に入る情報とほとんど変わりがなかったり、それに少し毛が生えた程度の情報に過ぎないということであれば、わざわざ買うまでもないと消費者は考えるであろう。

情報化の進展は、一般に入手できる程度の情報であれば、情報の値段を限りなくゼロに、無料に近づけるという効果を持っているように思われる。

とりわけ総合雑誌では、かつては――今も生き残っている数少ない総合雑誌では規模が小さくなりながらもそのような特集がまったくなくなったわけではないが――著者名として有名な人物の名前しか記されていない記事ではあるが、実際には数多くのデータマンや調査スタッフが雇われて行われた調査報道ではないかと考えられる記事があった。それは、重大な政治疑惑を究明しようとしたり、社会問題を解明しようとしたりする貴重な試みであったりした。社会を批判的に検討するジャーナリズム、ドキュメンタリーやルポルタージュの言説の世界が衰退していくとすれば非常に残念だ。それは、とりもなおさず、社会にとっても大きな損失である。

出版社としては、そうした硬派の雑誌よりも、女性のファッションの月刊誌が、販売部数の減少と広告主の減少から廃刊に追い込まれるほうが経済的打撃としては大きいのかもしれない。週刊誌も軒並み販売部数を減らしている。たとえば、かつては一〇〇万部を超える販売部数を誇った『週刊現代』、『週刊ポスト』の両誌は、二〇一五年上半期には、それぞれ三〇万二千部と二一万八千部にまで部数を減らしている（「日本ＡＢＣ協会調べ、BOOKSルーエ　書店業界ニュース」http://www.bmshop.jp/cgi_bin/bbs/shinbunka/read.cgi?no=5801、二〇一六年七月二六日確認）。週刊誌の記事の内容は、健康と医療関係が増え「六〇歳、七〇歳を超えたらしないほうがいい手術」とか「かつて（一九七〇年代に）活躍したアイドルタレントの今」とか若者はもとより中年でも関心を示さないような特集が編まれている。週刊誌を買うという習慣をかつて持って現在の年齢に至った高齢者の世代しか自分たちの雑誌を買わないであろうから、他の世代はあきらめて高齢者だけをターゲットして販売しようとしているのではないかとさえ推測される。

「資本主義社会の企業の宿命は成長することである」とわたしには思われる。収益を伸ばしていくことが運命づけられている。このことによって、信用を増大させ、借入金を増やし、さらなる収益の増大を目指して、拡大していくことができる。別の、もう少し小欲的な表現を用いれば、収益を伸ばすことによって、儲けが得られたのちに返却するとして投資のために借り入れた金額の返済を迫られず、先延ばしにすることが可能になる。借金の返済の請求を迫られることを避け、倒産することを逃れサバイバルしていくことができる。しかし、既存のマスメディアの多くにとっては、このことが容易ではない状況に直面している。いったい、どのような打開策があるだろうか。新たな展望が見出されることを祈りたい。

〔注〕

（1）そのことにニュース番組の担当者がどれほど気づいてくださったのか、また、私自身の実力から、それに値する十分な情報を提供しえたかどうかは措くとしても、及ばずながらこうした心がけと配慮だけはさせていただいたつもりである。

（2）これは新聞記者の友人とつきあってきて、雑談でそれぞれの仕事について、日常生活のその他の話題とともに話しているうちに出てきた内容をまとめたものである。名前を挙げることは差し控えるが、とりわけRさんに感謝したい。なお、思い違いや記憶違いもあろうが、これらはすべて筆者の責任である。また、最近の取材はこれとは違ってきているという点もあろうかと思われるので、訂正すべき点などをお気づきのかたがおられたら、筆者までご連絡いただければ幸いである。

（3）新聞社が共同で作り出した、記事によって人権や尊厳を侵害されたと考える読者から苦情を受け付け、そのクレイムについてプレスカウンシルに回送したり、調査を行い、その結果に基づいて、新聞社に対して警告を発したり、必要な場合は新聞社に対して訂正記事や謝罪記事を掲載することを命じるとともに、制裁金を科すことを担当する人と組織。

新聞オンブズマンとして形成されたが、放送番組に対しても同様のことを行うようになった。

スウェーデンをはじめとする北欧諸国でこの制度は発達した。なお、オンブズマンは、スウェーデン語で代理人、代弁者を指す言葉で、プレスオンブズマンは、議会オンブズマン等とは異なり、新聞社の自主的な制度であることが注目される。

（4）わたしが、強く記憶に残っている重大事件のうち、新聞配達員によるものとしては、二〇〇四年、奈良県で小学校一年生の少女を誘拐し、乱暴して殺害したのち、携帯電話を通じて両親に少女の写真を送った事件がある。警察官による重大事件としては、かなり以前のものだが、東京都で制服を着た警察官がひとり暮らしの女子大生の部屋に侵入し、暴行して殺害した事件（一九七八年）、京都府で現職中に郵便局へ拳銃強盗を行い、服役して出所後に警察官を射殺して拳銃を奪い、サラ金会社に押し入って従業員を射殺して現金を奪った事件（一九八四年）などがある。

（5）しかし、テキストに関しても、たとえばアメリカ合衆国の経済のように、統計を掲載して趨勢と現状を理解してもらう必要があるが、年によって数値が大幅に揺れ動くような場合には、毎年更新される最新の統計数値までカバーして説明したほうがよいと考えられる。そのため、インターネットを用いてその最新統計を提供するばかりではなく、むしろその説明をも行ったほうがよいとなるのではないだろうか。とりわけ大きな振幅、予想を裏切るような著しい変動が見られる経済等の分野の統計であれば、統計だけはインターネットで最新バージョンを見てもらい、本文については紙のテキストに書かれている内容とするわけにはいかないであろう。その場合は、紙媒体からデジタル・メディアへ移行する可能性が高くなる。

第6章　人権——世界的視点から

はじめに

専門家の間では尊重されながら、多くの人々は——大切なものらしいという認識を持ちながらも——おそらく懐疑的な眼で見ている概念。建前では尊重されながら、陰で揶揄される傾向がある概念。一部の声の大きな人々の間では、当てこすったり、揚げ足取りをしたり、侮蔑的な言葉が投げかけられたり、それに基づく行動が取られている概念。これが、日本における「権利」の姿ではないだろうか。

ただ、これから説明するように、今述べた一部の声の大きな人たちの行動は、国際的な視点から見ると、非常に残念な現象である。

そのようなことをする人は結局自分で自分の足元を掘り崩していることになる。自分にとって利益となるところをかえって、損をしてしまっている。それればかりではない。おそらくそれらの人々のなかには、日本以外の国に対して好ましからざる感情を持っている人がいると思われるが、他国を正当な手段で攻撃する「武器」を自ら放擲してしまっている。すなわち、自らの利益を損なう行動をしているばかりか、自らの考えを実現する手段を投げ捨てるという、二重の意味で自らに敵対することを行っているのである。

第1節　「権利」の構築

今から一五〇年ほど前まで日本には「権利」も「人権」もなかった。

“rights”の訳語として、「権利」という言葉が日本人に初めてお目見えするのは、一八六五年のことである。

これはアメリカ人の外交官であり、法律家でもあった公使を務めたヘンリー・ホートン（Henry Wheaton）の *Elements of International Law* をアメリカ人のプロテスタントの長老会（Presbyterian）の宣教師で、中国に長く留まり布教活動を行ったウィリアム・マーティン（William Martin）が一八六四年に中国語に翻訳したことによる。この中国語訳に、西周が訓点をほどこしたものが翌一八六五年に発行された（Wheaton, Henry.『萬國公法』William Martin 訳、萬屋平四郎、一八七一年）。

“rights”の訳語としていったい何が適切なのかを巡ってはさまざまな提案がなされた。たとえば福澤諭吉によって「通義」や「権理」という語が提起されもした。
最終的な結果としては、誤解を招く好ましくない訳語が採用され、日本における受難の歴史が始まったということになろう。「権」は権限のように「パワー（権力）」を淵源に持ち、「利」は「リウォード（利益）」を原義に持っている。「権利」には、英語の場合に表現されているような、正しい、とか、原理といった意味合いを読み取ることは難しい。フランス語では"droits"であり、ドイツ語では"Rechts"であり、ドイツ語とフランス語には、そうしたコノテーション（含意）が明確に表現されている。日本語では、法、正義、正しいという意味合いがまったく抜け落ちてしまっている。せめて「権理」という訳語が採用されていたら、この語が利益ではなく、むしろ原理、原則に基づくということが示されえたに違いない。

"rights"は、その源として、英国において一六八九年に定められた「権利の章典」において、王権といえども制限することができない国民の権利と自由が定められたことによる。その後、北アメリカ大陸では一七七六年からアメリカ独立戦争が戦われたが、その際に掲げられた独立宣言では、天賦の権利として、人間の平等、信教の自由、生命、自由および幸福の追求などが唱えられた。独立が達成され、一七八七年アメリカ合衆国憲法の修正条項として盛り込まれることになる権利章典が宣言された。アメリカ合衆国の権利章典には、信教の自由、言論および出版の自由、集会の自由、令状主義（令状によらなければ逮捕できないこと）、デュープロセス（適正手続）、残虐な刑罰の禁止、迅速な裁判を受ける権利などが権利として確認され、謳われている。

フランス革命において、王権を打倒し共和制が樹立される過程で、一七八九年、フランス人権宣言が発表された。人間の自由と平等、国民（人民）主権、三権分立、所有権、抵抗権などが宣言された。これらの多くに見られる大きな特徴は、権利は人々が大規模な革命を起こして既存の体制を打倒し、その過程で多くの人々が血を流し、命を失って、獲得したものだということである。

第2節　日本の戦前における権利

日本でも、一向一揆、島原の乱をはじめとして民衆が立ち上がった蜂起や反乱があった。前者は一定期間領地の統治に成功したが、理念や権限が打ち立てられたわけではなく、織田信長に弾圧されて終わった。後者は、キリスト教の信仰と重税への反抗に基づいて起こったものであったが、数か月で籠城を打ち破られて終わった。

明治に入り、一八七四年の板垣退助らによる民撰議院設立建白書を嚆矢として自由民権運動が展開された。植木枝盛のように思想的な掘り下げを行い、人民主権的な色彩の濃い独自の憲法草案である『日本国国憲按』を著した人物もいた。明治政府は讒謗律、新聞紙条例、出版条例、集会条例などを制定したり、改定したりして、運動の弾圧を図った。各地に組織が結成され、英国のジョン・スチュワート・ミルの自由論や、当時翻訳されていたハーバード・スペンサーの著作、フランスのジャン・

ジャック・ルソーの社会契約論などに基づく主張が学ばれた。

国会期成同盟が結成されるに至るが、政府の弾圧が強まるなか、方針を巡って二つのグループに分岐した。直接行動を取るグループによって福島事件、加波山事件や秩父事件などが起こされて鎮圧され、平和的手段を取るグループは国会開設後の取り組みの準備へ向かうなかで、自由民権運動は終息していった。


大正デモクラシーの後、一九二五年、普通選挙法とともに治安維持法が成立する（なお、第一回目の普通選挙は一九二八年二月に行われる）。

手元に――古本屋の店頭に特売品として置かれていたものを以前に買った――一九二六年（大正一五年）九月発行の改造社の雑誌『社会科学』第二巻第八号、「一〇月特集　唯物論研究」がある。一一編の論文、七編の翻訳、二編の書評と最近の文献データが掲載されている。

治安維持法成立の翌年のことではあるが、すでに大森義太郎の論文と翻訳に伏字が入っている。翻訳のほうは、続けて一〇行にわたって伏字になっているため、意味はまったく推測不可能となっている。

一九三三年二月、『蟹工船』などを執筆した小林多喜二が治安維持法違反で拘留中に死亡した。返還された遺体の写真には、多数の生々しい拷問の痕が写っている。

同年五月京都帝国大学で刑法学を専門とする滝川幸辰が休職処分となる。この処分に抗議して、同僚の末川博ら約二〇人の教授、助教授、講師らが辞職した。一九三五年、東京帝国大学法学部を定年退職して名誉教授となっていた美濃部達吉に対して、その学説である天皇機関説が国体明徴運動の下で問題視されて批判された。美濃部達吉は貴族院議員を辞職、著書は発禁処分となった。一九三七年には、東京帝国大学経済学部助教授で、マルクス主義に対して批判的立場であった河合栄治郎が休職処分となった。著作が発禁となり、その後、出版法違反で有罪判決が確定した。

一九四〇年、大政翼賛会が結成される。一九四〇年一一月、神武天皇ゆかりとされ造営された橿原神宮をはじめとして、紀元二六〇〇年式典が執り行われた。一九四一年一〇月、対米交渉に行き詰まった第三次近衛内閣は三か月で辞職し、東條英機が首相に任命される。東條英機は、一九四四年七月、サイパンが陥落してその責任を取って総辞職するまで二年九か月首相の座にとどまる。

一九三九年に制定された宗教団体法による文部省の指導の下、それまでさまざまな会派と教会を形成していたキリスト教プロテスタントが合わさって、一九四一年一〇月に日本基督教団が結成された。そのなかで一九四二年六月、第六部のホーリネス派と第九部の牧師および聖職者約一二〇人が治安維持法で検挙されて弾圧された。うち四人が獄死、三人が出獄後に死亡する。宗教団体への弾圧は大本や金光教に対しても行われる。

一九四二年、雑誌『改造』に掲載された論文をきっかけに、『改造』『中央公論』の編集者や執筆者ら約六〇人が治安維持法違反で、神奈川県特別高等警察に検挙された。この「横浜事件」では、過酷な取り調べの下で拘禁中に複数の死亡者を出し、約半数が起訴されて有罪判決を受けた。(1)

満州における張作霖爆破事件（一九二九年）、統帥権干犯問題（一九三〇年）、柳条湖爆破事件（満州事変、一九三一年）、上海事変（一九三二年）、五・一五事件（一九三二年）、国連リットン調査団の報告を不服として国際連盟脱退（一九三三年）、二・二六事件（一九三六年）、盧溝橋事件（日華事変、一九三六年）と、進むなかで、冷徹に時代を見据えて発言する新聞人もいた。桐生悠々（本名――政次）である。桐生悠々は、一八八七年に金沢で生まれ、旧制第四高等学校を経て東京帝国大学法学部政治学科へ進学した。東京では、自ら自堕落と称する大学生活を送ったが、長野県の新聞『信濃毎日』の主筆を含めて、『新愛知』、『大阪朝日』などいくつかの新聞を回ったのち、一九二八年に再び『信濃毎日』の主筆に招かれた。

一九三三年、桐生悠々は『信濃毎日』に「関東防空大演習を嗤ふ」と題する社説を執筆した。その内容は、大々的に宣伝されて、軍の主導のもとに行われた防空演習に対して、敵機を関東や首都の上空に迎え撃つなどということは、もうすでに敗北を意味しているのである、灯火管制などしても赤外線で識別されるので無意味である、などの指摘を行ったものであった。学生時代以来、英語をはじめとする海外の文献を購読する習慣を持っていた桐生悠々は、西洋の政治思想とともに、海外の戦争技術とその水準についても知識を得ていたからである。

一九一二年にも、明治天皇に殉じた乃木希典将軍に対して賛美一色となってきたマスメディアの状況をよしとせず、「陋習打破」を唱えて喝破し、批判を浴びたことがあったが、とりわけ今回の社説は軍の逆鱗に触れることとなり、『信濃毎日』を辞することになった。その後、別の新聞社へ就職したりもしたが、結局そこも追われ、最後は、現在の名古屋市守山区で農業をしながら、個人誌『他山の石』を発行して糊口をしのぐ道を選ぶ。しかし、読者は知人友人たちが中心で購読数も限られており、さらに、その個人誌に対してさえも発禁処分が科せられることがあり、家族を養って生活するにはあまりにも少ない収入であったと推測される。

桐生悠々は、彼が反対を唱えていたアメリカ合衆国との戦争が始まる数ヶ月前に病死した。一九四一（昭和一六）年の終刊となる『他山の石』の原稿には、自分が「この超畜生道に堕落しつつある地球の表面より消えうせること」は歓迎であるが、ただ自分が理想とした「戦後の一大軍粛を見ることなくして早くもこの世を去ることは如何にも残念至極」であると書いた。しかし、最終号も発禁処分とされ、この文章を人々が目にすることはなかった（桐生悠々『畜生道の地球』中公文庫、二六四頁、一九八九年）。

桐生悠々は社会主義に対しては批判的で、自称するように「貴族的民主主義者」以外の何物でもない。戦前の日本政府は、マルクス主義の立場に立って発言する者はもとより、マルクス主義経済学を研究する者に対しても、さらに河合栄治郎のようにマルクス主義に批判的な立場を取っていた研究者に対しても、また社会主義に批判的なオールドリベラリストの新聞人に対してまでも、その言論を封殺していったのである。(2)

ただ、私がここで指摘したいのは、戦前には言論の自由が奪われていたということではない。そうした言論の自由を抑圧することについて、間違った発言は取り締まられるのが当然だ、戦争に勝つという目的のためには言論の自由など制限されて当然だというように一般の人々も考えており、そのもとで言論弾圧が進められていたということだ。現行の日本国憲法においても、条文で定められている言論、出版やその他の表現の自由を侵害しているとまでは断定しがたいレベルにおいて、言論、出版やその他の表現の自由に干渉したり、それを抑圧したりすることは、パワーを持つ機関や人間にとってそれほど難しいことではない。そうした様子を見たときに、わたしたちは、「日頃大きな顔をしているからだ、ざまあみろ」と小気味よく思って密かに溜飲を下げたり、間違った言説なのだから取り締まられて当然だと考えて心のなかでもっと厳しくやれとはやしたてたり、日本にとって非常に重要なことを成し遂げるという目的のためには、言論、出版やその他の表現の自由が制約されてもやむをえない当然のことである、というように考えてしまってはいないだろうか。

政治家のなかにも、日本が満州事変から五・一五事件、二・二六事件、日華事変へと進むなかで、言論の自由を守り抜こうとした国会議員もいる。兵庫県豊岡市出石町出身の斎藤隆夫である。斎藤は農家の出身で、家業を手伝いながらも学問への思いが已みがたく、東京まで徒歩で行って同郷出身の役人宅に寄宿し、東京専門学校（現・早稲田大学）を卒業して弁護士試験に合格した。その後、アメリカ合衆国のイエール大学へ留学したのち、念願の国会議員となった。

斎藤が国会で行った質問演説としては一九三六年の「粛軍に関する質問演説」と一九四〇年に行った「日中戦争処理に関する質問演説」が著名である。少し長くなり、カタカナで読みにくいかもしれないが引用しておこう。

前者は「粛軍演説」と呼ばれ、これが行われたのは五月七日で、その年の二月に起きた二・二六事件に対する軍の責任を問うとともに、軍と通牒している政治家たちをも批判するものであった。

或者ハ一国ノ総理大臣ヲ殺害シタルニモ拘ラズ、其人ガ軍人デアリ、且ツ軍事裁判所ニ管轄セラル、ガ為ニ、比較的軽イ刑ニ処セラレ、或者ハ僅カニ発電所ニ未発ノ爆弾ヲ投ジタダケデアルニモ拘ラズ、其人ガ普通人デアリ、普通裁判所ノ管轄ニ属スル者デアルガ故ニ、重キ刑罰ニ処セラレタ、……(中略)……裁判ハ徹頭徹尾独立デアリ、神聖デアリ、至公至平デナケレバナラナイノデアリマス。(3)

一九四〇年の「日中戦争処理に関する質問演説」は「反軍演説」と呼ばれている。これは、聖戦の美名に隠れて、中国で実際には戦争拡大を行っている軍部とそれをコントロールできない政府を批判するものであった。質問演説の初めに近い部分を、再び少し長めのカタカナ文になってしまって申し訳ないが引用しよう。

支那事変ノ処理ハ申スマデモナク非常ニ重大ナル問題デアリマス、今日我国ノ政治問題トシテ是以上ニ重大ナル所ノ問題ハナイ、……(中略)……一体支那事変ハドウナルモノデアルカ、何時済ムノデアルカ、何時マデ続クモノデアルカ、……（中略）……国民ハ聴カント欲シテ聴クコトガ出来ズ、此ノ議会ヲ通ジテ聴クコトガ出来得ルト期待セナイ者ハ恐ラク一人モナイデアロウト思フ、先ニ近衛内閣ハ事変ヲ起コシナガラ其ノ結末ヲ見ズシテ退却ヲシタ、平沼内閣ハ御承知ノ通リデアル、阿部内閣ニ至ツテ初メテ事変処理ノ為ニ邁進スルトハ声明シタモノノ、国民ノ前ニハ事変処理ノ片鱗ヲモ示サズシテ総辞職シテシマツタ、現内閣ニ至ツテ初メテ此ノ問題ヲ此ノ議会ヲ通シテ国民ノ前ニ曝ケ出ス所ノ機会ニ到来シタノデアリマス、……（中略）……私ノ見ル所ヲ直言致シマスルナラバ、元来今回ノ事変ニ付キマシテハ、当初支那側ハ申スニ及バズ、我ガ日本ニ於キマシテモ確カニ見込違イガアッタニ相違ナイノデアリマス（『官報号外　昭和一五年二月三日　衆議院議事速記録第五号　国務大臣ノ演説ニ対スル斎藤君ノ質疑』四〇頁）。

この後、「支那事変」について具体的に述べ、質問に移っていく。この質問演説は、公式の議事録から三分の二を削除され、懲罰委員会にかけられ、斎藤隆夫は本会議の議決により議員除名処分になった[4]。本会議での除名処分の議決に反対票を投じたのは芦田均、宮脇長吉、名川侃吉、丸山弁三郎、牧野良三、岡崎久二郎、北浦圭太郎の七名であった。反対票を投じた議員の所属政党は、これらの反対票を投じた議員を除名処分とした。しかし、それにはとどまらなかった。反対した議員に対してばかりではなく、棄権、欠席や白票を投じた議員たちに対しても、彼らの所属政党は、そのような行為をした議員たちを違反者として除名などの処分を科していったのである。

あまりに有名な詩であるため、紹介するのはためらわれるが、ドイツのルター派のプロテスタント教会の牧師で、ナチスの強制収容所に八年間収容された経験を持つ、マルティン・ニーメラー（一八九二―一九八四）の講演に由来するとされる詩を引用してこの節を終わることとしたい。

ナチスが共産主義者を攻撃したとき、私は声をあげなかった
私は共産主義者ではなかったから
彼らが社会民主主義者を投獄したとき、私は声をあげなかった
私は社会民主主義ではなかったから
彼らが労働組合員たちを攻撃したとき、私は声をあげなかった
私は労働組合員ではなかったから
そして、彼らが私を攻撃したとき
それに抗議して、私のために声をあげることができる人は、もはや一人も残っていなかった(5)

第3節　人権の重要性

日本国憲法は、敗戦前の大日本帝国憲法とは大きく変わった。なによりも主権が天皇から国民主権へと移り、多くの権利が認められることとなった。新憲法の成立過程については現在さまざまなこと

が知られているが、在野で憲法を研究していた鈴木安蔵や高野岩三郎（社会統計学・元東大教授）らによって民間の「憲法研究会」が結成され、来るべき憲法条文について検討して一九四五年一一月五日に記者会見で発表した『憲法草案要綱』が、現在の日本国憲法の条文の作成にあたって大いに参考とされたことが知られている。

この、憲法研究会のその他のメンバーとしては、岩淵辰雄（政治評論家・元読売新聞記者）、杉森孝次郎（元早大教授）、室伏高信（評論家・元朝日新聞記者）、森戸辰男（元東大助教授）らが参加していた。『憲法草案要綱』に――「象徴」という言葉自体は使われていないが――象徴的な天皇の位置づけと、さまざまな権利を盛り込むことができたのは、鈴木安蔵が戦前に植木枝盛の「東洋大日本国国憲按」をはじめとする浩瀚な資料を入手して研究を蓄積していたからだといわれている。おそらく、鈴木安蔵は、両親がキリスト教徒で幼少時から教会へ通っていたこともあって世界に目が開かれており、各国の憲法を参照したりして研究を行っていたからだと考えられる。なお、研究メンバーの一人である高野岩三郎は『憲法草案要綱』には物足らず、後に別個に日本を共和国とする憲法案を提案している。

日本国憲法の「第3章　国民の権利及び義務」に記載されている権利及び義務としては以下のものがある。

第十条【国民の要件】、第十一条【基本的人権の享有】、第十二条【自由・権利の保持の責任とその濫用の禁止】、第十三条【個人の尊重・幸福追求権・公共の福祉】、第十四条【法の下の平等、貴族の禁止、栄典】、第十五条【公務員選定罷免権、公務員の本質、普通選挙の保障、秘密投票の保障】、第十六条【請願権】、第十七条【国民及び公共団体の賠償責任】、第十八条【奴隷的拘束及び苦役からの自由】、第十九条【思想及び良心の自由】、第二十条【信教の自由】、第二十一条【集会・結社・表現の自由、通信の秘密】、第二十二条【居住・移転及び職業選択の自由、外国移住及び国籍離脱の自由】、第二十三条【学問の自由】、第二十四条【家族生活における個人の尊厳と両性の平等】、第二十五条【生存権、国の社会的使命】、第二十六条【教育を受ける権利、教育の義務】、第二十七条【勤労の権利及び義務】、第二十八条【勤労者の団結権及び団体交渉その他の団体行動をする権利】、第二十九条【財産権】、第三十条【納税の義務】（以上の見出しは、主要には『ポケット六法』（有斐閣）に記載されたものによる）。

第三十一条以下は、刑事司法に関するものなので、そのまま引用することとしよう。

第三十一条　何人も、法律の定める手続によらなければ、その生命若しくは自由を奪はれ、又はその他の刑罰を科せられない。

第三十二条　何人も、裁判所において裁判を受ける権利を奪はれない。

第三十三条　何人も、現行犯として逮捕される場合を除いては、権限を有する司法官憲が発し、且つ理由となつてゐる犯罪を明示する令状によらなければ、逮捕されない。
第三十四条　何人も、理由を直ちに告げられ、且つ、直ちに弁護人に依頼する権利を与へられなければ、抑留又は拘禁されない。又、何人も、正当な理由がなければ、拘禁されず、要求があれば、その理由は、直ちに本人及びその弁護人の出席する公開の法廷で示されなければならない。
第三十五条　何人も、その住居、書類及び所持品について、侵入、捜索及び押収を受けることのない権利は、第三十三条の場合を除いては、正当な理由に基いて発せられ、且つ捜索する場所及び押収する物を明示する令状がなければ、侵されない。
2　捜索又は押収は、権限を有する司法官憲が発する各別の令状により、これを行ふ。
第三十六条　公務員による拷問及び残虐な刑罰は、絶対にこれを禁ずる。
第三十七条　すべて刑事事件においては、被告人は、公平な裁判所の迅速な公開裁判を受ける権利を有する。
2　刑事被告人は、すべての証人に対して審問する機会を充分に与へられ、又、公費で自己のために強制的手続により証人を求める権利を有する。
3　刑事被告人は、いかなる場合にも、資格を有する弁護人を依頼することができる。被告人が自らこれを依頼することができないときは、国でこれを附する。

第三十八条　何人も、自己に不利益な供述を強要されない。
2　強制、拷問若しくは脅迫による自白又は不当に長く抑留若しくは拘禁された後の自白は、これを証拠とすることができない。
3　何人も、自己に不利益な唯一の証拠が本人の自白である場合には、有罪とされ、又は刑罰を科せられない。

第三十九条　何人も、実行の時に適法であつた行為又は既に無罪とされた行為については、刑事上の責任を問はれない。又、同一の犯罪について、重ねて刑事上の責任を問はれない。

第四十条　何人も、抑留又は拘禁された後、無罪の裁判を受けたときは、法律の定めるところにより、国にその補償を求めることができる。

アメリカ合衆国憲法と比較しても、黙秘権がより明確に述べられ、自白を強要することにならないためのセーフガードを設けていることをわざわざ明示しているという特徴がある。
また、逮捕は裁判所が発行する逮捕状を受けてから行うのを通例とし、それ以外の現行犯逮捕が乱用されたり、安易に身柄拘束が継続されたりしないための規定を設けている。適正手続として尊重されるべき内容が（刑事訴訟法ではなく）憲法に盛り込まれて具体的に記載されているということも特徴ということができよう。

日本国憲法に義務として規定されていることとしては、憲法が保障する自由及び権利は不断の努力によって保持しなければならず、濫用してはならないこと、保護者は子どもに教育を受けさせる義務があること、勤労の義務、納税の義務、が述べられている。

多くの人が誤解しているが、実は、「大日本帝国憲法」においても、「言論、出版、集会ならびに結社の自由」及び「信教の自由」は認められていたのである。

ただ、「大日本帝国憲法」においては、「言論著作印行集会ならびに結社の自由」については第二十九条の条文の前半に一言「法律ノ範囲内ニ於テ」と書かれており、「信教の自由」については、第二十八条の条文の前半に「安寧秩序ヲ妨ケス及臣民タルノ義務ニ背カサル限ニ於テ」と書かれているだけの違いであるといってもよい。しかし、このたった一言があるために、戦前には多くの人々の命が奪われる結果になっていたのである。

法律の条文では、「、(句点)」をどの位置に入れるのか、また「及び」、「並びに」、「又は」、「若しくは」などがどの位置にあるのか、どういう順番になっているのかによってまったく意味が異なってくることがある。ましてや、限定の一言が加えられていれば、その一言が文字どおり「命取り」になるのである。

日本国憲法には、権利に関して、アメリカ合衆国憲法にもない権利が盛り込まれている。

それは第二十五条である。

第二十五条　すべて国民は、健康で文化的な最低限度の生活を営む権利を有する。
2　国は、すべての生活部面について、社会福祉、社会保障及び公衆衛生の向上及び増進に努めなければならない。

この、「国民は健康で文化的な最低限度の生活を営む権利を有する」という社会権の規定は非常に重要かつ画期的なものである。さらに、それに加えて、国家は、その最低限度とされるものを国民に対して保障するとともに、そのレベルの向上と増進に努めなければならないということになっている。これは、新生日本国が、福祉国家たるべきことを宣誓していることができよう。

この社会権の規定は、国会に提出された憲法原案にはなく、芦田均を委員長とする帝国憲法改正小委員会で、先の憲法研究会の『憲法草案要綱』にあった社会権の条文を盛り込んだものである。盛り込みにあたっては、敗戦後、初の総選挙で衆議院議員に当選し、帝国憲法改正小委員会のメンバーとなっていた森戸辰男の提案によるものだったといわれている。

第4節　武器としての人権

あまり知られていないようだが、国際条約は、一般の法律に優先する。すなわち批准された条約は優先順位において憲法の次に位置し、一般の法律よりも上位規定となっている。

日本が批准した、人権にかかわる主要な条約としては、以下のものがある。

・市民的及び政治的権利に関する国際規約
・経済的、社会的及び文化的権利に関する国際規約
・あらゆる形態の人種差別の撤廃に関する国際条約
・女性に対するあらゆる形態の差別の撤廃に関する条約
・拷問等禁止条約
・児童（子ども）の権利に関する条約
・障害者権利条約

日本には、自らが批准したこれらの条約の内容を完璧に履行すること、または、少なくとも誠実に実行することが求められているということができよう[6]。

これらの人権にかかわる主要な条約に関しては、批准した国は、国際連合のジュネーブに本部がある人権理事会に三年に一度は、履行状態について報告して、審査を受ける義務がある。理事会の審査結果報告書において、現在の状態を問題があるとして批判されたり、改善されるべきものとして勧告を受けたり、改善されるのが望ましいとして意見を書かれたり、懸念を表明されたりするのは、名誉なことではない。

条約を誠実に履行した上で、同じ条約を批准しながら、きちんと履行していない国に対して、厳しく批判したり、追及したり、改善を迫っていくのが、非常に有効な戦略と考えられる。

残念ながら、日本は第二次世界大戦中に、あるいはそれ以前のこともあるにしても、とりわけ一九三一年以降アジアの近隣諸国において行ったことについて、国際的に好ましくない評価を受けている。そうしたイメージを払拭する最大限の工夫と努力をすることが必要である。

その上で、あえていえば現在における人権の優等生となって、人権を損なっていたり、尊重していなかったり、人権に係わる状況を改善するためにきちんとした施策を実行していない国に対して、人権の保障を訴え、求めていくことである。また、日本がすでに批准するとともに、国際的に見て多くの国が批准している条約について、まだ批准していない他の国を上手に批准へと促し、批准後はその履行を強く求めていくことである。

さらに、日本が未批准の条約に関して、その条約を批准することによって、日本全体の国益と比較考量しながらも、日本国内においてより人権が尊重された状態にすることを促進できるのであれば、批准を考えていくべきであろう。とりわけ日本においては、ほんの少しの努力と改善によって目標が達成されるような人権に関する条約については、積極的に批准していくのが望ましい。さらに、その条約において、近隣の競争相手が目標達成するのが難しく、日本は目標達成が容易であるような人権に関する条約についても批准を図り、近隣の競争相手の国に対して批准を勧め、批准後は高水準での履行を近隣の競争相手国に上手に迫っていくことである。

例えば、日本がまだ批准していない人権に係わる条約として「原住民及び種族民に関する条約」がある。現在二二か国が批准している。南米の国が多いように見受けられるが、オランダ、デンマーク、ノルウェイといったヨーロッパの国も批准している。とりわけ目立つのが、カラーリットとも呼ばれるイヌイットの人々が住むグリーンランドを領土として持つデンマークが批准していることである。もし日本が「原住民及び種族民に関する条約」を批准した場合には、いうまでもなくアイヌと沖縄の人々に誠実に向き合わなければならない。ただし、オーストラリア、ニュージーランド、アメリカ合衆国、中国などによってこの条約が批准されれば、その効果は絶大である。これらの国々のほうが、日本とは比較にならないほどのはるかに大きな課題を抱えることになる。オーストラリア、ニュージーランド、アメリカ合衆国、中国などの国をこの条約の批准へと導くことはできないだろうか。

英国、フランス、オランダ、スペイン、ポルトガルさらにベルギーなどの国々は、アジア、アフリカ、中東、南北アメリカをはじめとして世界中に作った植民地で、現地の人々に対して何をしてきたであろうか。オーストラリアはアボリジニーの人々に何をしてきたであろうか。ニュージーランドはマオリをはじめとする原住民の人々に何をしてきたであろうか。アメリカ合衆国はアメリカ・インディアンの人々に何をしてきたであろうか。中国はチベットの人々に何をしたであろうか。そして、これらの原住民の人々は現在どのような境遇に置かれているのであろうか。

本章の「はじめに」では謎めいた表現にとどまったので、人権に関する条約の重要性について、以下では、あえてストレートに記述することとしよう。

中国とアメリカ合衆国との関係を見ていると、両者は相互依存というよりも、アメリカ合衆国が中国に依存している面が大きい。経済的にはまったくそのとおりで、アメリカ合衆国は国債などを中国に購入してもらうことによって、中国に首根っこを押さえられており、中国はアメリカ合衆国の経済の生殺与奪の鍵を握っているとさえいってもよい。

日本では、日本とアメリカ合衆国とが協調しあって中国に対抗していくといった図式を描いている人が多いかもしれないが、経済的にはアメリカ合衆国と中国の絆のほうがはるかに緊密で、運命共同体になっている。しかし、最近、両者は国際政治的には、亀裂が入ったと考えられる。

日本は、敗戦から立ち上がり、経済成長を遂げ、一九八〇年代前半には経済力においてアメリカ合衆国と拮抗するかと思われるほど世界を括目させたにもかかわらず、それはほんの短い期間に終わった。すぐにバブル経済ははじけ、日本は叩く（「バッシング」）対象ではなくなり、無視して（「パッシング」）もよい対象となり、今や無（「ナッシング」）に等しい状態になってしまったと言われたりもしているが、残念ながら当たっているといわざるをえないように思われる。

他方、現在世界第二位の経済大国となった中国は、人口がアメリカ合衆国の約四倍あり、遠からずGNPでアメリカ合衆国を追い抜くことは疑いようがない。日本は経済的にアメリカ合衆国の脅威になったが、軍事的に脅威になることはなかった。しかし、中国は脅威になりつつある。わたしは軍事には素人で、主要にはBBCワールド・ニュース等の国際ニュースを見ているだけだが、それでも、中国がアメリカ合衆国の虎の尾を踏んでしまったことが分かる。

それは、たとえば、パキスタンに関して中国西南部からパキスタンの海岸まで鉄道を敷設しようとしていることだ。同様に、ビルマに関して中国南部からビルマの海岸まで至る鉄道を敷設する契約を締結している。そして、ソ連から未完成の空母を購入して完成させたのち二隻目の建造中であり、さらに三隻目を建造しようとしている。

日本人から見れば、中国は東シナ海において、既存の島嶼部を領土として主張してその補強工事をしたり、人工島を建築したりして、東シナ海を自らの制海権に収めようとしているように見えるだろう。

しかし、より広く世界に視野を広めてみると、中国はインド洋の制海権も、さらにアラビア海の制海権も握ろうとしているように見える。あるいは、他国から見ると、そのように見えざるをえないことをして（しまって）いる。かつて日本がアジア大陸へ進出を拡げたおりに、中国からベトナム、ビルマなどへの南進策を取り、アメリカ合衆国との間の通商条約を破棄され、ＡＢＣＤ包囲網を敷かれてしまうことになったが、現在中国がカバーしようとしているスケールははるかに大きい。

パキスタンは核兵器を保持しており、アメリカ合衆国にとって、なによりも協調関係を保つ必要があり、アフガニスタンやイスラム諸国への対応のために基地を確保しておく必要がある。現在、関係が良好とはいえないが、アメリカ合衆国の影響下に置き、コントロールが可能な程度において政情不安かつ経済的に問題を抱えた状態にとどめおいて、大国になるのを防ぎながら、他のイスラム諸国をけん制したり、そこから攻撃したりする基地として最高の重要度を持っているように思われる。それほどの戦略的重要性を持つ国に介入し、撹乱要因をもたらすとともに、影響力を及ぼそうとする国をアメリカ合衆国は見過ごすことはできない。

中国は、世界最高の経済大国になる。兵器産業の進歩を見れば明らかなように、また、有人飛行を行った宇宙技術、巨大な天文観測機器、スーパーコンピューター、IT技術、高速度鉄道（新幹線）、すでに実用化されているリニアモーターカー、原子爆弾・プルトニウム爆弾等の開発技術に裏打ちされている原子力発電、航空機製造等、最先端の科学技術の分野においては、日本をすでにしのいでいる。

なぜこのようなことを書いているのだろうかといぶかる読者がいるかもしれないが、もう少しだけお付き合いいただきたい。

中国は、アメリカ合衆国、ヨーロッパや日本から最先端の技術を取り入れて、巨大な国家予算を投入して、当初はそれをまねたり、改良したり、やがて独自開発をしているうちに、もともとの国のレベルに追いつき、追い越しており、特定の分野では引き離そうとさえしているように思われる。

ただし、中長期的に見た場合、中国は三つの不利な特徴を持っているように思われる。一つは、共産党による一党独裁という政治形態である。二つ目は、社会主義国を標榜するにもかかわらず、国民の間に、アメリカ合衆国に負けるとも劣らない、あるいはアメリカ合衆国をはるかにしのぐほどの貧富の格差を作ってしまったことである。三つ目は、以上二つが人為的に形成されたのとは異なるが、広大な領土を持つ多民族国家であるということだ。

この三つの特徴が重なっているところで、現在の国家体制の維持が図られるとすれば、必然的に生じるのは、人権の抑圧である。

日本が唯一、中国と対抗していくことができるとすれば、それは日本が、人権先進国となることである。世界中の国から人権を非常に尊重している国として尊敬される地位を築き、そこから中国の人権を抑圧している状況を指摘し、きちんと批判していくことである。

日本が持つことができる、最大の「武器」は人権である（そして、その批判の武器は、いずれ中国において不可逆的に起きる民主化の要求と運動を支援し、中国の人々の自由と福祉の向上に貢献し、最終的に感謝される性質の「武器」である）。

一党独裁の政治体制の下では、国民の言論の自由、表現の自由、思想・信条の自由が抑圧される傾向にある。中国の民衆は、近い将来、必ず民主制を求め、思想・信条の自由が保障されたもとで、自由に自分の考えを主張し、表現し、議論し、コミュニケートして、自らの政治形態を自己決定していきたいと考えるようになるであろう。とりわけ、現在、中国のキリスト教信者の人口が一億人を超えたことを考慮すると、将来、こうした動きが促進される可能性が高い。

国民の間のあまりにも大きな経済格差は、能力主義が肯定されているアメリカ合衆国においてさえも、経済格差を批判する運動が起きている。平等主義の原理が尊重されるべき価値の一つとして本来取り込まれているべき社会主義国家であるはずの中国においては、それを批判する運動が起こり、その結果、国家の正統性が掘り崩されるかもしれない。だからこそ、習近平国家主席は、不正な方法で富を蓄積したと考えられる中国共産党幹部に対する汚職の摘発を熱心に行っているといえよう。しかし、一党独裁政権で権力が特定の少数者に集中する体制において、これを行えば、結局は権力闘争に利用される面が出てこざるをえず、自分の周辺だけは例外的に完璧にクリーンであるというのなら別だが、一般的には自らの周辺にも火の粉が降りかかってくる。内部抗争が発生するとともに、共産党の正統性がゆらいでくることになろう。

経済成長が続き、低所得者層にも富の配分がなされ、生活が向上していることが実感される間は、経済格差が大きくとも国民は一定の満足を得るかもしれない。しかし、より生活が豊かになり、中間層が形成されると、経済的な余裕ができ、収入を得るためだけに時間を奪われなくなり、その時点で、より富の公平・公正な配分について敏感になったり、金銭的、時間的余裕ができてきて、不満を表出したり、他者に訴える運動が活発になると推測される。[7] それを一党独裁の党がコントロールしようとすれば、人権を抑圧する方法になりがちである。

第三の点については、ソビエト連邦が崩壊した際に、リトアニアをはじめとするバルト三国や、アゼルバイジャン、キルギスタンなどのイスラム諸自治領が独立したことを想起すればよい。さらには旧ユーゴスラビア諸国に起きたことも参考になろう。すでに、チベットなどでは、潜在的不満が存在しているものと考えられる。以上のように、中国は人権に関してヴァルネラビリティが高いと考えられる。[8]

国際社会において他国と対抗し、最終的のみならず中長期的に勝者となっていくためには、人権を尊重する模範的な国となり、人権を武器として戦っていくことが、最も得策であり、効果的な方法であり、かつまた正道であるように思われる。

〔注〕

（1）「横浜事件」については、戦後、横浜地方裁判所は、記録が残っていないために免訴の判決を行ったが、「免訴の判決をするべき事由がなかったならば無罪の判決を受けるべきものと認められる十分な自由がある」として、「抑留拘禁による補償決定」をした。横浜事件・最新裁判＝記録／資料刊行会『全記録　横浜事件・最新裁判』高文研、二〇一一年。

（2）桐生悠々に関する記述は、拙稿「桐生悠々」『放送大学叢書通信』、二〇一五年から一部を引用して加筆訂正した。

（3）『官報号外　昭和一一年五月八日　衆議院議事速記録第四号　国務大臣ノ演説ニ対スル斎藤君ノ質疑』四六頁。なお、引用にあたっては、一九三六年と一九四〇年の質問演説の両方に該当することとして、旧漢字を現在の常用漢字にしたり、送り仮名などを改めたが、現在では用いられない呼称や用語が使用されていることについては、歴史的な資料性を重視してそのままに記載した。

（4）議事録から削除された部分については、例えば鳥海靖監修『肉声できく昭和の証言　政治家編2　戦前・戦中Ⅱ』、『肉声できく昭和の証言　政治家編3　戦前・戦中Ⅲ』ＮＨＫカセットブック（ＮＨＫサービスセンター、一九八〇年）等で、その一部を聞くことができる。斎藤隆夫『回顧70年』、中公文庫、一九八七年。なお、斎藤隆夫は愛国主義的立場をとっており、事変の処理にあたって強硬策を提唱している面もある。

（5）Niemöller, Friedrich Gustav Emil Martin (1892–1984) "*Als die Nazis die Kommunisten holten*"（「ナチスが共産主義者を攻撃したとき」なお、詩は既訳を参考にした上での試訳で、直訳調にした）。

（6）誠実に実行されるべきことの具体的内容については、拙著『再検証　犯罪被害者とその支援』昭和堂、二〇一〇年、一三三—一五七頁、拙著『少年非行——社会はどう処遇しているか』左右社、二〇一四年、二五一—二五六頁、等を参照されたい。また、それぞれの条約の趣旨に基づく選択議定書についても、批准に向けての検討と準備を進める必要があると考えられる。

（7）この説明モデルは「相対的剥奪理論」や「資源動員論」を用いている。より詳しい説明としては、Merton, Robert K., *Social theory and social structure: toward the codification of theory and research*, Free Press of Glencoe, c. 1949. ロバート・K・マートン『社会理論と社会構造』森東吾、森好夫、金沢実、中島竜太郎共訳、みすず書房、一九六一年。Morris, Aldon D. and Carol McClung Mueller eds., *Frontiers in Social Movement Theory*, Yale University Press, 1992. および、拙編著『新編　逸脱行動論』第四章、放送大学教育振興会、二〇〇六年、などを参照されたい。

（8）「ヴァルネラビリティ」は、基本的には「脆弱であること」を意味する。犯罪学、とりわけ被害者学では、被害にあいやすいこと、傷つけられやすいことを指す言葉として用いられる。
さらに、この原義が応用されて、たとえば、アルコール依存や薬物依存に陥りがちな人は「ヴァルネラブル」であり、同様に状況に適切に対処することができず、暴力に訴えてしか自己の意思を表現できない人や、周囲の環境に影響されて自分も非行文化に染まって、非行をするようになる少年もまた

「ヴァルネラブル」と認識されることになる。このように、現在、犯罪学では被害者ばかりではなく、違反者に対しても用いられている。

第7章　芸術と犯罪――オペラ・ミュージカル・バレエ

第1節　オペラ

オペラは高尚な芸術というイメージがある。しかし、オペラで演じられる題目は犯罪と逸脱行動の宝庫（巣窟?）といってもいい。

舞台の上で演じられる内容は、なんとあくどい犯罪なのか、なんとえげつない逸脱行動なのか、なんとふしだらな関係なのだと、驚かされることも多い。こんな不謹慎なテーマはやめてもらいたいと思いながら、六〇タイトル以上は見てきてしまった。特に新しいものを見たいとは思わず、むしろ好みの題目を重ねて見ることのほうが多い――たとえばフィガロの結婚、ドン・ジョバンニやトスカなどは一〇回以上見ていると思う――にもかかわらず、いつの間にか題目が広がってしまっていた。

申し訳ないが、日本での日本人歌手中心のオペラは、外国人による歌舞伎を観るようなものではないかという意識がぬぐえず、観たことはない。海外でヨーロッパ人と互角に勝負している日本人オペラ歌手に出会うと掌が痛くなるほどの拍手を送っている。ミュージカルも、友人に誘われて国内で一度日本の劇団によるものを観たが、残念なことに、ダンスは素晴らしいと思うものの、オーケストラの生演奏に乗って歌って踊っているものでないとミュージカルという気がしない。バレエは、海外における一流のバレエ団の公演で、日本人バレリーナやバレエダンサーのすばらしい演技と活躍を見ることができる。日本人であることに無上の喜びと誇りを味わうことができ、日本人の若手バレリーナとダンサーに拍手喝采している。

わたしは、オペラ、ミュージカルやバレエを見るにあたっては、ほとんど解説は読まないで、数少ない手がかりから、自分で想像力を働かせたり、独自に考察したりするのが好きなため、まったく常識や前提的な知識を欠いていて、的外れなことを述べたりすることもあるかもしれない。逆に、すでに誰かによって言われたり書かれたりしていることを、新たな気づきのように思い込んでいるかもしれないが、いずれの場合についても、ご容赦いただきたい。とりわけ前者の奇想天外の主張——もう、すでにしてしまったかもしれないが——の場合には、それもありうるかもしれない一つの解釈くらいにお考えいただき、目くじらを立てないでご海容いただけると幸甚である。

モーツァルトの「ドン・ジョバンニ」とプッチーニの「トスカ」については後ほど述べることとして、ビゼーの「カルメン」は、当時はそのような言葉はなかったが、現代でいえば「ストーキング」が主要なモチーフになっている。エリート闘牛士を引きつけるほどの華やかな魅力を持つカルメンに憧れ、花一輪を投げられて虜になるドン・ホセには内気な日本人男性の姿が重なるかもしれない。「ドン・カルロ」では、自分の恋人であった女性が父親である王の妻に迎えられる。ドン・カルロは逢いびきを重ね、自分の苦しい胸のうちを歌う。この話を聞けば、ワグナーのオペラファンならずとも、「トリスタンとイゾルデ」が想起されるのではないだろうか。

日本では、「椿姫」と呼ばれるオペラの原題は「ラ・トラビアータ」である。「ラ・トラビアータ」はもともとイタリア語で道を踏み外した人――すなわち「逸脱者」である。定冠詞が女性形なので逸脱女性ということになろうか。物語の舞台はパリで、名望家たちの集まるサロンの主催者ではあるが、高級売春婦ともいえる女性の話である。若い男性からの熱烈な求愛を純粋な気持ちから受け入れたものの、彼の父親に結婚を反対される。

ヴェルディによる「オテロ」の原作はいうまでもなくシェークスピアである。権力闘争から、妻の不貞を疑うようにしむけられ、妻を殺害して自殺するムーア人の将軍の話である。

ヘロデ王にヨハネの首を求める「サロメ」は、リヒャルト・シュトラウスによってオペラ化されている。リヒャルト・シュトラウスは「エレクトラ」や「オイディプス」も創作しており、宿命的な殺人事件の凄惨さを象徴する舞台照明が用いられる。

オペラでは、権謀術数が渦巻く魑魅魍魎たる世界が演じられたりもする。ムソルグスキーの「ボリス・ゴドノフ」は、ロシア語の男声合唱団による低音で大声量の合唱に圧倒され、その歌声がいつまでも頭の中で残響する。舞台の上では、幼い自分の息子を皇帝にしようと、ロシア皇帝を殺害し、帝位を乗っ取ったボリス・ゴドノフの内面的でメンタルな世界が描き出される。

ドニゼッティの「ルクレツィア・ボルジア」は、イギリス王室においてヘンリー8世によってもたらされた混乱と、翻弄された女性たちの葛藤と悲劇を、時代と地域を設定しなおして作られた作品である。

第2節　ドン・ジョバンニ

四〇年以上前の大学時代に、女性を追い求める男性のタイプにはドン・ファン型とカサノヴァ型の二つがあって、ドン・ファンは女性の心を求め、カサノヴァは女性の体を求めるというように聞いた記憶がある。ドン・ファンは女性を口説き落とすことに関心を持ち、いってみれば女心を奪うこと、口説き落としたときに達成感を感じ、口説き落とした時の快楽を追い求めるのであって、身体的な性行為には関心を持たないものだと考えていた。(1) しかし、モーツアルトのドン・ジョバンニは、より肉体志向で、現在の日本の刑法では強制性交等に該当する強姦行為をしていると考えられる。ただ、確かに、窓辺にたたずんでいる女性に歌を歌って、女性をうっとりした気持ちにさせたりもしている。さらに、自分が貴族であるという女性にとって魅力となる地位をアピールして、許婚のいる若い娘であるツェリーナを誘惑する“Là ci darem la mano”という歌は、女性にとって抗いがたい甘い誘いの言葉とメロディーであり、心身ともにとろけるような気持になって二重唱をしてしまい、手を取り合って二人の世界へ入っていってしまうという、もはや抗うことなど不可能な状態にするだけの魅力を持ったものであることは確かではあるが……。

ドン・ジョバンニはドンナ・アンナの寝室に忍び込んで、別人と錯誤させて、性行為をする。見知らぬ相手であることに気がついたドンナ・アンナの助けを呼ぶ声を聴いて駆けつけた父親である騎士長と決闘になり、父親を殺害する。ドンナ・アンナは婚約者のドン・オッターヴィオに自分と父親の復讐を誓わせる。ドンナ・アンナは、あるときその声としぐさから、自分を襲い、父親の命を奪った相手がドン・ジョバンニであることを同定する。

もう一人の重要な女性の登場人物はドンナ・エルヴィーラである。ドンナ・エルヴィーラはドン・ジョバンニにもてあそばれて、貞操を奪われたのだが、ドン・ジョバンニを悔い改めさせるためにドン・ジョバンニを追いかける。

ドン・ジョバンニはドンナ・エルヴィーラをうっとうしく思って、追い払おうとする。従者のレポレッロは、ドン・ジョバンニが今までにどれほど多くの女性たちと関係したか、そしてドンナ・エルヴィーラはそのなかのたったその一人に過ぎないことを自覚させようと、「イタリアでは六四〇人、ドイツでは二三一人、スペインでは一〇〇三人」と膨大なドン・ジョバンニの相手をした女性の数を歌って聞かせるが、効果があるようには思われない。ドン・ジョバンニはドンナ・エルヴィーラをレポレッロに押しつけようともする。

ドンナ・エルヴィーラはドン・ジョバンニを悔い改めさせるために接近を試みているということだが、ここには二つのパラドクスがある。自分に悪事を働いた男であれば、そのような男は復讐か侮蔑の対象であり、懲らしめてやるか、無視して「バイバイ」するか、どちらかになるはずだ。しかし、その男を悔い改めさせて立ち直らせようというのだから、自分はその男のために何かをしてあげたいのであり、その男に潜在的な愛情か好意を持っているということになる。結局は、好きな気になる相手に「ストーキング」をしていることになる。

もう一点は、もし自分の働きかけの成果があったり、説得の効果があって、ドン・ジョバンニが悔い改めたならば、その時点で、ドン・ジョバンニは自分の好きなドン・ジョバンニではなくなってしまう、自分にとって何の魅力も感じないただの人になってしまうということである。悔い改めながら、従来のように魅力を持った存在であり続け、自分だけを好きになってくれる人間へと転換していってくれるというのは、難易度の高い課題である。

ドンナ・エルヴィーラにとって、自分がドン・ジョバンニを好きだから追いかけてしまっているということは認めることができない許しがたいことであるがゆえに、それを否定して、別の正当な理由で自分はドン・ジョバンニとコンタクトを持つ必要があるし、持たざるをえないというように自己合理化を行っていると考えられる。

以上のように考えるならば、やはりドンナ・エルヴィーラはストーキングを行っていることになる。ドン・ジョバンニのほうは、他の女性を相手に強姦、準強姦、強制わいせつを行っているということになる。さらに、ドン・ジョバンニは決闘罪では収まらない殺人を犯してしまったことまでが加わる。

ラストシーンでは、ドン・ジョバンニはレポレッロが止めるのも聞かずに、騎士長を夕食に招き、騎士長と握手を交わし、身体からエネルギーと体温を奪われ、地獄へと連れ去られていってしまう。

「ドン・ジョバンニ」のシナリオ作家はロレンツォ・ダ・ポンテ（Lorenzo Da Ponte）である。

女性を天にも昇らせるような幸せな気持にさせる詩を書くことができる文才と、その経歴からも明らかにされているように、当時においては姦通と呼ばれ、現在においては不倫と呼ばれる経験も含めて、数多くの恋愛経験を持っていた。恋愛感情の理解にたけ、道徳的なものであれ貴族的なものであれ、既存の秩序に対する反抗心を持っていたダ・ポンテ。湧き出るような天才的な音楽の才能を持ち、身も心も融かしてしまうようなメロディーを作り出すことができ、おそらく女性と性への少なからぬ関心を持ち、情動的かつ性的な快感を音楽で表現する能力を持っていたモーツアルト。この二人が出会って、コラボレートしたからこそ、「ドン・ジョバンニ」（や「フィガロの結婚」）という二五〇年以上たっても人々を引きつけ続ける作品が生み出された、と私には思われてならない。

ダ・ポンテの一生は非常に興味深い、モーツアルトとは、「ドン・ジョバンニ」以外に「フィガロの結婚」と「コシ・ファン・トゥッテ」で組み、脚本を担当している。元々はイタリア生まれのユダヤ教徒で、本名はエマニュエル・コネグリアーノ（Emmanuel Conegliano）といった。一四歳のときに貧しさゆえにキリスト教に改宗し、修道院に預けられ、神父となる。ただし、詩の才能があり、詩作をしてそれを女性に捧げることによって、女性はダ・ポンテに好意を持つことになるようだ。姦通によってイタリアを追われ、ウィーンにやってきて、オペラの台本作家として認められるようになる。やがて、ウィーンも追われヨーロッパを変遷し、ロンドンでは二〇歳年下の女性と結婚している。その後アメリカに渡り、ニューヨークで暮らし、コロンビア大学のイタリア文学の教授になった。経営的に行き詰りやがて人手に渡ることになるが、ニューヨーク・メトロポリタン歌劇場の端緒を築いたのはダ・ポンテのようである。一七五六年生まれのモーツアルトは一七九一年に三五歳の短い生涯を終えるが、一七四九年生まれのダ・ポンテは一八三八年にニューヨークで死亡するまで、八九歳の長い人生を送った(2)。

第3節　トスカ

トスカの恋人、革命軍を支持している画家カラヴァッジオが逮捕され、拷問にかけられるが、カラヴァッジオは仲間を売るようなことはしない。しかし、警察署を訪れたトスカはカラヴァッジオの苦しむうめき声に耐えられず、仲間の居場所を教えてしまい、仲間も逮捕されてしまい、カラヴァッジオから非難される。やがてカラヴァッジオの銃殺刑のスケジュールが迫ってくる。

警視総監スカルピアはトスカに、恋人の命を救ってほしければ、自分と性的関係を結ぶように要求する。これは、現在でいえば「セクシャル・ハラスメント」ということになろう。

恋人を救いたいという一念のトスカは、承諾したふりをして、警視総監に銃殺刑にあたっては空砲を打つようにという命令を出させる。命令を書かせてしまえば、もう警視総監に用はないとばかりにナイフで殺害する。トスカはカラヴァッジオのもとへ急行し、カラヴァッジオに、銃殺刑は空砲で行われるので発砲時に倒れる演技をするように指示する。

トスカは、カラヴァッジオが上手に演技したことをほめ、兵隊たちが立ち去ったのち、もう演技は不要だとカラヴァッジオに近づいていく。ところが、実は処刑は実弾で行われカラヴァッジオは命を失っていることを発見する。絶望するとともに、警視総監の殺害に気づいた追手の警官隊が迫ってきたことを知り、トスカはサンタンジェロ城から身を投げて自殺する。

オペラのなかでは、トスカがカラヴァッジオに別の女性がいるに違いないと疑ったりとか、イタリアの革命勢力を支援するナポレオン軍が勝ったという情報が正しく伝えられていればカラヴァッジオの処刑はなかったと考えられることなど、さまざまな出来事が盛り込まれている。オペラの最終場面にのみ焦点を絞って紹介したので、この部分のストーリーだけを見るとそれほど複雑ではない。しかしプッチーニほど観客の情動をつかみ、山を作るのが巧みなオペラ作曲家はいないように思う。作曲にあたって、情動、情緒がほとばしるようなメロディーを作り出す（それゆえに、その大衆性を好まず、上演題目として取り上げない同国人の指揮者もいる）。

トスカは自分が最も大切に考えている恋人の命を救うために、警視総監をだますのに成功したと思っているが、実は警視総監のほうが上手であり、老獪な警視総監はトスカの面前で書類とは別に、トスカには分からないが部下にはその意味が理解できる口頭表現で、実弾による処刑を命じている。

実際にはトスカのほうが警視総監にだまされているが、トスカは警視総監にだまされていることを知らない。

しかし、観客はトスカがだまされていることを知らないということを知っている。観客は悲劇的な結末が訪れることをあらかじめ知っているがゆえに、それを知らないで、恋人の助命に成功したと思い、偽装処刑後に解放されて恋人とともに生きていく計画を立てているトスカに同情し、トスカの言動をハラハラしながら見つめることになる。

一本気で、貞操観念が強く、直情的なトスカが歌い上げる愛の賛歌であるVissi d'arte"(「歌に生き、愛に生き」)のアリアは、力強さゆえに緊張を高め、人生について神に感謝するがゆえに今後トスカに起きる悲劇への感情移入に基づく同情を高め、聴衆は胸を割かれる思いで聴く。

第4節 レ・ミゼラブル

まだ上演が始まって間もないレ・ミゼラブルをロンドンの要塞のような赤茶けた色と形をしたパレス劇場で、急勾配で谷底へ落ちて行ってしまうのではないかという恐怖を感じながら、天井桟敷から覗き込むようにして観たとき、自分の研究領域と重なっているためひいきの引き倒しをしたのかもしれないが、このミュージカルは繰り返し上演され、ミュージカル史上におそらく永遠に残るだろうと思った。

このミュージカルには——おそらく計算しつくされた上であろうが——情緒を動員するテーマと仕組みが盛り込まれている。すなわち、人々が人生で出会う非常に重要だと考える出来事と関心を持つテーマのほとんどすべてが盛り込まれている（唯一取り入れられていないのは、出生と出産場面くらいである。それ以外のライフステージとそこでの課題はすべて盛り込まれている。いうまでもなく思春期と青年期における男女の恋愛と結婚は含まれている。死も、時期で分ければ、児童期、青年期、中年期、高齢期のすべての時期での死が含まれている。さらに、死の形態も、病死、自然死、戦闘での死（他殺）、非業の死に加えて、自殺までも含んでいる）。それらがジレンマ、不条理を伴って描き出される。ただ、その前に時代背景について一言述べておく必要がある。

実は、わたしが、このミュージカルに永遠の命を感じたのは、まだソビエト連邦をはじめとする東欧の社会主義諸国が崩壊するとは思われてはいなかった時期だった。フランスでの革命運動のシーンが出てくる。一八三二年の六月革命（「騒動」）と呼ばれているものだ。舞台では、三色旗ではなく赤い旗が振られていた。おそらく今も振られていることだろう。街頭でバリケードが築かれて、市民が戦い、破れていくシーンは物語の大きな時代背景となっている。このミュージカルの重要な要素となっている社会革命の神話が崩れ去ったにもかかわらず、このミュージカルが生き延びてきたことは、あえていえば非常に不思議である。このミュージカルが人々を引きつけ続けているのは、おそらく人々の圧政に対する抵抗権が人間解放への手段として、欧米の人々の意識の基本的な層にすでに受け入れられて存在しているからではないだろうか。自由への希求と博愛の精神は、社会体制とはかかわりなく、心の奥深いところで受容されている価値なのかもしれない。

それでは——犯罪学・刑事政策の観点から興味深い場面が多いため——この本で紹介する他の作品よりも詳しく丁寧にミュージカル「レ・ミゼラブル」の内容とストーリーの展開を見ていくこととしたい。

若い二人の出会いと愛、子どもの成長を願う母の愛、死にゆくものと交わした約束への忠誠が盛り込まれている。青年マリウスとコゼットが広場で出会って互いに見初めあうシーン。宿屋に預かってもらっている娘コゼットの養育費を払うために、工場で働いているが、工場長からのセクシャル・ハラスメントを拒否したために解雇され、生活苦に陥り、厳しく請求される多額の養育費の支払いのため、髪を売り、歯を売り、路上の売春婦に身を落とす。見る見るうちにみすぼらしい姿へと身を変えていくフォンテーヌの姿は哀れである。街頭で客のからかいに抗議して、取締りの対象とされ逮捕されてしまう。

娘を愛しながら、不当な要求のために身をすり減らして命を失っていく母親も不条理な境遇に置かれている[3]。

ジャン・バルジャンによって助けられ、病院へと運ばれるが、もはや手遅れで、フォンテーヌの遺言への約束として、ジャン・バルジャンは娘のコゼットを引き取り、きちんと養育すると誓う。

月日は経ち、フォンテーヌから高い養育費を取りながら、コゼットを小間使いのように使っていたティナディエ夫妻の娘であるエポニーヌは、マリウスを愛するようになるが、マリウスはコゼットを愛している。ここで二人の立場は完全に逆転してしまう。ジャン・バルジャンに大切に育てられて今やお嬢様になったコゼットに対して、自分は経営に失敗した両親に引き連れられて、好ましくない犯罪の仕事の手伝いをしているという点でも逆転してしまっている。自分が好きな男性、マリウスに気に入られたいために、マリウスのコゼットと会いたい、コゼットの居場所を教えてほしいという希望を受け入れ、ジャン・バルジャンとともに身を隠すように生活していたコゼットの居場所を探して教え、二人が逢い引きできるようにしてしまう。コゼットとマリウスが胸の高まりを歌うのに、エポニーヌが一人の孤独感を重ね合わせて歌う三重唱はせつない。

叶わぬマリウスへの愛を歌い上げるエポニーヌのソロ、報われぬ愛を抱くものが持つ気高さがあり、エポニーヌは崇高な美しささえも漂わせてしまう。

死を覚悟し、せめて一緒に死にたいと男性に変装して、マリウスとともに街頭のバリケードに参加する。戦闘でマリウスを狙った銃身から発射された銃弾を、マリウスをかばって至近距離から被弾し倒れる。マリウスに愛を打ち明けるのではなく、控えめな表現をして、額にキスをしてもらってその腕で息絶えていく。死を前にしても明確に告白できないつらさとけなげさが伝わってくる。

結ばれる愛の一方で、報われない愛が描かれており、後者には自己犠牲の崇高さが漂う。負けると分かっている戦い。革命に準じる青年たちも自己の命を捧げる行為だ。奪われた自由を獲得するために、窮乏化した人々の状況を打開するために戦う。

戦闘へ参加した浮浪児の少年が、バリケードの側に足りなくなった銃弾や武器を集めるという役割を担っている。小さな肢体を生かして身軽な動作で銃弾などを集めていたのだが、標的になって命を失う。この子どもはまるで、ドラクロアが描いた『民衆を導く自由の女神』の自由の女神の横に立っている勇敢な少年のように仲間を勇気づけていた。現在であればせいぜい小学校低学年であると思われる未就学のいたいけな子どもの犠牲はやるせない気持ちにさせる。

こうした人々の命を賭した闘いの上に、今日の恵まれた生活がある。わたしは歴史を見ていて、もっともよく戦ってくれた人は、地上でその恵みを受ける人ではない、とつくづく感じることがある。流された祖先の尊い血の犠牲の上に、私たちが現在享受している自由と生活のレベルがある。

「レ・ミゼラブル」の始まりのシーンは犯罪学と刑事政策を学ぶ者にとって非常に興味深い。囚人たちはミュージカルでは監獄内のハンマーを用いた刑務作業だが、映画では戦艦を修復のためにドックへ引き入れる作業をしている。舞台では、施設が火事になり、同僚の命を救おうとして取ったたいへんな筋力を要する行為が、後に過去を隠して実業家として成功していたところ、自分の過去の履歴を追跡者に露呈させてしまうことにつながる。

犯罪学・刑事政策の観点から特に興味深いのは以下の三点である。

第一は、ジャン・バルジャンは一本のパンを盗んだ罪で、一九年間にわたる刑に服していることだ。ただし、窃盗罪で五年、それに監獄からの逃走未遂で一四年の刑が加わったものだ。多くの読者は、パン一斤かバケット一本を盗っただけで五年の刑期は重すぎると思われるかもしれない。日本でも、それほど重大ではない犯罪を行って、長期間にわたって受刑している人がいる。わたしが傍聴した裁判でも五〇円を神社で賽銭箱から盗んだために、数年間の懲役刑を科せられた男性がいた。拙著でも、おにぎり二個盗って一年六か月の実刑の懲役刑の判決が下った事例を紹介している[4]（『犯罪学入門』講談社現代新書、一九九七年）。

ジャン・バルジャンとジャベールの二重唱は圧巻である。囚人たちは名前では呼ばれない、番号で呼ばれているのが明らかになる。「24601」がジャン・バルジャンに与えられた呼称だ。一人の固有の人格を持った存在として扱われてはいない。

ジャン・バルジャンに出獄の時期が迫ってきた。犯罪学・刑事政策の視点から第二に興味深いのは、仮釈放の意味に関するジャン・バルジャンとジャベールとのやり取りである。

刑務官から、出獄するのはどういう意味かと聞かれ、それは自由になることを意味すると答えるジャン・バルジャンに対して、そうではない、これは「仮釈放（パロール）」であって、一生出頭義務が課せられていると説明する。お前のように犯罪を行った者はそれから立ち直ることはない、一生変わることはない危険人物であり、それゆえ一生監視する必要があると断定的に歌う。

犯罪を行う者はそのように宿命づけられているのであり、改善の余地はない、変わることはないと刑務官であるジャベールは述べる。ジャベール自身が、自分自身は監獄で生を受けており、犯罪者を熟知しているとも言う。こうした宿命論的な考えはどこからきているのであろうか。

人間の運命はすでに生まれる前から決まっている。神によってあらかじめ定められている。こうした考えは、キリスト教のなかでも、カトリックよりもプロテスタントのほうに顕著な考えであるとされている。第三章で紹介したように、マックス・ウェーバーは、自分が救われているのかどうかの証を求めて世俗内禁欲を行って日々の勤めに励んだプロテスタントたちが資本主義をもたらしたと論じた。

しかし、レ・ミゼラブルの舞台はフランスであり、カトリックの国であり、教会で聴聞が行われ、信者の懺悔が司祭によって聞かれ、その罪が許される世界である。ジャベールの宗教的なバックグラウンドが気になるところである。

ジャン・バルジャンは仮釈放になったものの着の身着のままで刑務所から放り出される。仮釈放中、職を求めても、刑務所帰りだということで雇ってもらうこともできない。三〇日に一回の出頭命令が終生続くことになっている。

墓地で冬の夜を明かすようなホームレスの生活となる。唯一、暖かな声をかけてくれたのは教会の司祭である。寝床とパンとワインの食事を与えられ、むさぼるように食べる。だが、ジャン・バルジャンはそこで銀の食器を盗んで逃走する。しかし、警察官に見つかって逮捕され、司祭のもとへ連れ戻される。それに対して、司祭は、「兄弟」と呼びかけ、この銀の食器は自分が与えたものであり、蝋燭台も与えたのに早く発ってしまわれたために持っていってもらえなかったと、それもジャン・バルジャンに手渡す。あなたは魂を持っており、神によって犯罪の闇の世界から救い出されると祈る。

この司祭の行ったことは、ルカによる福音書の「上着を奪い取る者には、下着をも拒んではならない。求める者には、だれにでも与えなさい。あなたの持ち物を奪う者から取り返そうとしてはならない。人にしてもらいたいと思うことを、人にもしなさい」（第六章第二九―三一節）という比較的よく知られた内容を思い浮かべる読者もいることであろう。

犯罪学・刑事政策の観点から第三に興味深いのは、犯罪を行った者の立ち直りの契機、プロセスである。

ジャン・バルジャンは他の人と同じように扱われたこと、受けた信頼に応え、立ち直ってまともな人間になるために、自由を奪い常に恥辱を感じさせる仮釈放許可証を破り捨て、パロール下にある元犯罪者であるジャン・バルジャンという人生を捨てる。自らをいつまでも犯罪者として定義づけるのではない生きかたを選択する。新しい自分の「ストーリー」を作り出すことにする。

過去に犯罪を行い、その後犯罪から離脱して社会的に適応した生活を送っている人から話を聞くという聞き取り調査をしていると、立ち直ったのは誰かから信頼されたということがきっかけであるとして、そのエピソードを語ってくれる人が少なからずいる。信頼されたことが人生の新しい物語を作り出す契機になっているに違いない。

刑務官であったジャベールが、後にパロール違反をするジャン・バルジャンを捜し求めるという設定になっている。さらにジャベールは犯罪の捜査官でもある。ミュージカルとして二人の対決がストーリーのクライマックスを作り出すための工夫として盛り込まれているということでもあるのだろうが、現代日本の犯罪学の専門家としてはこの設定には抵抗がある。やはり刑務官、保護観察官と警察官は異なる、その職務も異なるというのが現代の刑事司法制度だ。刑務官はあくまでも刑務所内で仕事を行う。保護観察官は保護観察の処分や仮釈放の決定を受けた人が社会に再び適応し、生活を立て直して、再犯をしないよう指導し支援する。警察官は犯罪の捜査と犯罪を行った人の検挙が中心である。

しかし他方で、それが崩れてきているというのが現在の特徴だ。崩れたらどうなるのかということを先取りして象徴して見せているのがレ・ミゼラブルだということかもしれない。

アメリカ合衆国においてジェイル（jail）――拘置所と短期刑の刑務所を兼ねる施設――に収容されている者の多くはこの仮釈放中の違反によって再び収監された人たちである。仮釈放中の定期的な出頭命令や遵守事項の違反である。アメリカ合衆国では保護観察官は、刑務所を出所した人間が社会に再び適応できるように指導する人間ではなく、保護観察中の命令違反を摘発し取り締まる人間になってしまっている。犯罪を取り締まる警察官とほとんど変わりがないといっても過言ではあるまい。

日本の更生保護法も厳格化された。保護観察中、仮釈放中にはいくつかの守るべき遵守事項が定められている。これを破ったときの罰則も強化された。再犯防止の名目の下に諸機関が連携することによって、立ち直りの援助ではなく見えない鎖につないでおこうとする潜在的な意図を持った監視制度へと転化していく可能性は十分にある。そして、それが好ましくない結果をもたらすことは、現行のアメリカの仮釈放制度の運用状況が、また戦前の日本の保護観察や仮釈放の状態が証明している。日本で現在推進されつつある「機関連携」は、客観的にどのような帰結をもたらすことになるのであろうか。

ジャン・バルジャンは、成功した実業家になって立派に更生し、市長として社会的貢献を果たしているにもかかわらず、ジャベールはあくまで仮釈放の規則違反の元受刑者「24601」として取り扱おうとする。

レ・ミゼラブルで有名な場面がある。馬車の下敷きになった人を、助けたくとも手の施しようがないと、人々がそれを取り巻いて手をこまねいているとき、市長のジャン・バルジャンが馬車を持ち上げ救出する場面である。それが警察官としてその市に赴任してきたジャベールに元囚人で仮釈放の規則違反者であることを見破らせる。

先に述べたように、ジャン・バルジャンはフォンテーヌにコゼットを救出するという約束をし、フォンテーヌは死んでいく。その臨終の場面にジャベールが現れる。フォンテーヌとの約束を果たすために三日間の猶予がほしいと懇願するジャン・バルジャンに対して、お前のような悪い人間は一生変わることはない、信用することはできないと仮釈放時と同じ言葉の歌を繰り返し、その場で引致しようとする。

警察官となったジャベールは革命鎮圧のためスパイとしてバリケードにもぐりこむが、見破られてしまう。ジャン・バルジャンは、おそらくバリケードに立てこもった全員が死亡することになるであろうことを予想し、そこにコゼットが愛するマリウスが含まれることを知って、彼を救出するためにバリケードに来ていた。

スパイとして拿捕されたジャベールを誰が処刑するかとなったときに、ジャン・バルジャンが名乗り出る。ジャン・バルジャンはジャベールの縄を解き放ち、銃を外して撃ち、ジャベールを逃がす。ジャベールに対して、あなたは自分の義務を果たそうとしていただけだから恨みはないと言う。

崩壊状態となったバリケードから、ジャン・バルジャンが瀕死となったマリウスを助け出す。マリウスを医者に届けるために一時間の猶予がほしいとジャン・バルジャンはジャベールに願う。ジャベールはそれを許す言葉を発することはできない。ジャン・バルジャンはジャベールを無視して立ち去ろうとする。規則違反に対して厳罰で臨むことを信念としてきたジャベールは、ジャン・バルジャンへ銃を向けながら銃弾を発射することはできない。

法執行という自らの職務に忠実であることを使命として生きてきたジャベールに、心理的なコンフリクトが発生する。矛盾をはらんだ人生の要請に直面したジャベールはセーヌ川の堰の渦巻きのなかへ身を投げる。このときの歌が、ジャン・バルジャンが過去を捨てたときの歌を想起させる。

なお、幼いコゼットを酷使しながら、フォンテーヌから多額の養育費を取っていたティナディエ夫妻は、あるときは人間の欲の深さをさらけ出し、あるときは軽妙な演技やダンスで観客の笑いを誘ったりして、舞台で重要な役割を果たす。

マリウスとコゼットの二人が結婚することを確かめたのち、ジャン・バルジャンは自分のために二人に危害が及んだり、二人の幸福が妨げられないようにと二人のもとを去る。

結婚式に出現したティナディィエは、ジャン・バルジャンが地下の下水道で死体を運んでいるのを見たという話をマリウスにして恐喝しようとする。その証拠として死者から奪った指輪を見せる。マリウスはその指輪が自分のものであることに驚き、自分の命を救ったのがジャン・バルジャンだと知る。二人は衰弱して独り暮らしをしているジャン・バルジャンの下へ駆けつける。ジャン・バルジャンは、フォンテーヌの精霊とともに天国へと導かれていく。天国では、バリケードで戦った青年たちや無名の人たちが生き生きと行動しており、ジャン・バルジャンをその仲間として暖かく迎えようとしている。

キリスト教では、人が死亡したときに、一般的には天に召されたという表現が用いられる。しかし、聖書を正確に読んでみると、ただちに昇天できるわけではない。死亡した後は、煉獄に置かれ、最後の審判を受けて、そこで天国に登ることができるのか、地獄へ落とされるのかが決められるはずである。

ただ、餓死しそうであった妹の子どもたちに食べ物を与えてあげたくてパンを取ったばかりに一九年間も獄につながれ、その後多難な人生を送り、神父が祈ったようにまさしく立ち直って人々と社会に尽くしていたものの、仮出所の出頭規則を破ったということから逮捕目的でつけ回されるという妨害にあいながら、死の床にあった者との約束を苦労して果たした善き人であり、約束を果たして結婚するまで育て上げた「娘」夫婦に、過去に行った罪とされることをすべて告白したジャン・バルジャンが天国に昇らずして、いったい誰が昇ることができるというのだろうか。

第5節　シカゴ

恥ずかしながら、最近、自分の考えかたが大きく変わってきたことに気がついた。

昔であれば、無料だときけば、邪魔にならなければ、もらっておいてもいいかなと考えることが多かった。現在は、無料でも、いらないものはいらない、たとえ金をもらってもいらないものはいらない、と考えるようになってしまった。

見ることについても、同じ傾向になっている。無料でも、見たくないものは見ない。たとえお金をもらっても、見たくないものは見たくない。お金を払って、見ないですむのであれば、むしろそうしたいと考えるようになった。

何のことを言っているかといえば、実はコマーシャルである。なぜこんなのを見せられなければならないのかと腹が立つことがある。以前は YouTube のようなストリーミングを見ることがあったが、最近は見ることがめっきり減ってしまった。あの最初に出てくる、自分で選ぶことができない大音声のケバケバしいコマーシャルを見させられるのがいやなのである。数秒間待てばスキップできるものがまだ多いように思うが、その数秒間でさえもいやだと思ってしまう。加齢とともに、気が短く、頑固になってきたのかもしれない。

実は、「シカゴ」は、この本で取り上げる必要があり、取り上げるに値するミュージカルなので、今までできるだけ多数回見てきたが、もうこれ以上は見たくないという気持ちにかられることのほうが多い。

しかし、とりわけ犯罪報道について考えるにあたって、非常に教訓的で、学ぶことが数多くあるミュージカルなので、一度はご覧になられることをお奨めしたい。またミュージカルを映画にしたDVDも出ているので、そちらであれば安価にご覧いただけるのではないかと思う(5)。

このミュージカルは、殺人を行った中年女性たちが、マスコミ操縦に長けた辣腕の弁護士と契約し、その弁護士の方針と指導の下で、どのようにして自分にマスメディアの注目を集め、人々の関心や同情を得ることによって、裁判を自分にとって有利に導いて、無罪や、より軽い罰を得るかという話である。

舞台設定はシカゴの女性の拘置所だが、中年女性たちが網タイツのレオタード姿で出てきて、セクシーなダンスを繰り返し披露する（実は、これを見たくないのである。踊っているほうは、これで観客を引きつけようとか、これを見たさに観客は来ているとか考えているのであろう。しかし、もうそこまで自分をコマーシャルする必要はないのではないか、無理してそんなかっこうをして踊って自分の魅力をアピールする必要はないのではないか、と思ってしまう。最近の言葉なのか、もう古くなってしまっている言葉なのかは分からないが、思わず「痛い」などと言ってしまいそうである。あえてこのような顰蹙をかう言葉を述べたのは、一般的な言いかたになってしまって恐縮だが、アメリカ人と日本人とでは年齢に関する感覚、加齢についての考え方に違いがあるのではないかと感じているからだ。極端な言い方になるかもしれないが、アメリカの女性にとっては、加齢は敵であり、恐怖であり、克服すべき対象であり、いつまでも若くあり続けることが重要な価値を持っているのではないか、上手に歳を取っていくのが難しい社会なのではないかという気がしているからだ。ただし、こうした見方は、単に映画やテレビに登場する女優、タレント、キャスター、政治家たちを見て、間違った一般化をしてしまっているのかもしれないが)。

弁護士と女性たちは、マスメディアがいったい何に注目するのかを知悉していて、計算づくで、それに合致するような服装で記者会見をしたり出廷したり、意図的ではなくてあたかも思わずそうしてしまったかのようなふりをして、計算づくであるしぐさをしたり、ある発言をしたりする。ゴッフマンが唱えた自己呈示と印象操作を戦略的かつ戦術的に行う(Goffman, Erving, *The Presentation of Self in Everyday Life*, Doubleday, 1959, 石黒毅訳、『行為と演技——日常生活における自己呈示』誠信書房、一九七四年)。

主人公のロキシーは、陪審員の同情をかうために、妊娠しているという(虚偽の)情報をマスメディアがスクープして大々的に報道するように仕向けたりもする。

無罪を獲得したのちは、殺人女性のペアとしてマスメディアを利用して社会的注目を集め、ショービジネスの世界で多くの観客を呼べるような工夫をして活躍していく。このミュージカルは、アメリカ合衆国において、犯罪を行った人と弁護士が、どのようにしてマスメディアに自分たちをアピールし、ニュースとして自分たちの無料コマーシャルを流してもらい、より軽い罰やより高い収入を得ていこうとするのかがテーマであるといったら、身もふたもないであろうか。

マスメディアやマスコミ関係者は、情報を出した人の意図が分かっていても、すなわちマスメディアを上手に利用しようとしていると分かっていても、それを大々的に報道せざるをえないこともあるであろう。犯罪を行った人のなかには、マスメディアを用いて経済的な利益を得ようとするばかりではなく、マスメディアを用いて人々の関心を自分に引きつけ、自己の存在を社会にアピールして自己確認しようとしたり、社会を混乱に陥れて自己の全能感を得ようとする人もいるであろう。あるいはひょっとして、マスメディアが、その事件を大々的に報道して、人々の関心を引きつけることによって、販売部数を増やしたり視聴率を高めたりして、会社の収益の増大を図ったり、結果的にそれがもたらされる場合もあるのかもしれない。

ただ、注意しなければならないのは、マスコミの操作、自分たちにとって有利な情報をマスメディアが流すように工夫し、自分たちにとって有利な展開を図るというのは、何も違反者の側ばかりではなく、捜査を行ったり、取り調べを行ったり、起訴を行ったり、有罪の立証を行ったりする社会統制機関も、立場が異なるだけで、同様の利害関心を持っていると推測される。

さらに、マスメディア自体が、利害関心団体であることにも、わたしたちは十分に注意する必要があるのではないだろうか。

先に述べたように、女性二人は、最終的にはショービジネスの世界に踊って歌える殺人女性ペアとして上手にデビューしていくのであるが、ロキシーが陪審員裁判で念願の無罪を勝ち取り、晴れて記者会見に臨もうとしたときに、別の女性による殺人事件が発生し、記者たちはそちらの事件の取材へ飛びついて殺到し、記者会見場には記者が誰も残らないということが起きる。

マスメディアにとって、犯罪や事件は単なる一つの消費財にすぎず、次から次へと忘れ去られ、打ち捨てられていくものなのである。マスメディアとしては、たえず新しいものを探し、新鮮なネタを求める。"What's next?"という意識が、ニュース報道も含めたマスメディアの世界の法則になっているというのが、わたしたちがこのミュージカルから改めて得られる重要な教訓の一つなのであろう。

第6節　バレエ

バレエにも、ストーリーとして殺人が行われる「ラ・バヤデール」、高級娼婦で金持ちの男性を渡り歩く——渡り歩かされる、といったほうがいいかもしれない——ことになる「マノン」などがある。

しかし、バレエは、オペラとは違い、テーマが犯罪そのものであったり、ストーリーが犯罪の経緯と展開であったりという作品は少ないように思われる。バレエはそもそも発話がないのだから、複雑で微妙な会話表現によってどんでん返しが起こって二転三転し、ハイライトを作り上げていくというようなことは、無理な注文だということになるだろう。オペラは「歌劇」と訳されたように、そもそも演劇という通常の芸術的表現形態に、音楽と歌唱が加わり、その歌唱において極端にまで、つまり声に関して人間能力の限界まで過酷な要求を行い、それによって感動をさらに高めようとしている、というようにわたしには思われる。

これに対して、バレエは——素人の私の眼から見た考えで恐縮だが——複雑なストーリーというよりも、たゆまぬ努力と持続的な鍛錬に基づく動作による表現形態自体があまりにも繊細で美しすぎるという特徴を持っているように思われる。

パ・ド・ブレと呼ばれるバレエの爪先立ちで小刻みに前へ進んだり、逆に後ろへ引いたりする動きは、その細かな動作に観客は現実とは異次元の世界へと誘われる。バレリーナの動きも音楽があいまって非常に繊細な非日常的——逸脱的——な世界へはまり込んでいく。

バレエはその題目の始まりから終わりまで、息を呑み、息を潜めて、別世界でその細やかな美しさに引き込まれて、うっとりと鑑賞するという性質を持っていると思う。

確かに、バレエには「ラ・バヤデール」にみられるように、金粉をまとった男性バレエダンサーが外側に顔を向ける体勢で非常に高さのある見事なジャンプを連続して行い、大きな円を描いて一周するグラン・ジュテ・アン・トゥールナンという動きがある。また、「ロミオとジュリエット」であれば、モンタギュー家とキャプレット家の一族の若者が、剣を持って戦う場面があったりもする。

しかし、バレエを全体としてみるならば、バレエは壊れやすいものを表現するのに適しているように思われる。もし喜びを表現するのであれば、ひそやかな喜びを表現するのに適しているのではないだろうか。たとえば、野球のゲームでバッターがホームランを打ったりとか、サッカーでゴールを決めたりしたときの観衆の興奮とかどよめきとか、大騒ぎとかいった世界を表現するという世界ではないように思う。

むしろバレエは静かであり、消え入りそうなバイオリンの旋律や、憂いを秘めたオーボエのソロに乗って、悲しみをたたえながら表現するときに、観客は胸を打たれる感動に誘われるように思われる。

バレエはそもそも逸脱的であると述べたが、それはほんらいであれば明確に対立している生と死、あるいは現実的な世界ともう一つの幻想的な世界の両方の異なる世界を容易に移行してしまうところがある。

たとえば「ジゼル」がそうである。ジゼルでは、村の娘ジゼルが身分を隠した貴族の息子アルブレヒトと恋に落ち婚約をするが、アルブレヒトには別に婚約者がいることを知ってショックのあまり死亡する。ジゼルの魂は森の奥で棲息するが、アルブレヒトが森の中へ入り込んできて、アルブレヒトが踊り疲れて死に至るほどにまで二人は踊り続ける。しかし、最後にジゼルの懇願によって、アルブレヒトは生者の世界へ帰っていくことを許される。

「白鳥の湖」はよく知られているので短い紹介に留めたいが、「白鳥の湖」も、二つの異なる世界を行き来する。夜だけしか白鳥から娘の姿になることができないというオデットに懸けられた呪いを解くために、オデットを初めて愛する女性として選ぶことを誓いながら、王子はその約束を果たすのに失敗してしまう。オデットを花嫁として選ぶことが叶わなかった王子との踊りが悲しくも美しい。

「ラ・バヤデール」の舞台はインドであり、異国情緒あふれる衣装と、インド寺院の背景で踊る。先に触れたように、男性ダンサーの跳躍力を伴った躍動感のある踊りに観衆から拍手喝采が贈られることが通例だが、メイン・ストーリーとしては悲恋の物語である。バヤデールが婚約した兵士ソロルは、別の女性とも婚約する。そのことを知った女性の父親が、バヤデールを亡きものにしようとして送ってきたかごの中に入っていた毒蛇にかまれて、バヤデールは死んでしまう。バヤデールを裏切ったことを悔いたソロルはあへんにふけることになるが、あへんの影響下でバヤデールたちが踊るのを見る。

ここにも現実の世界からもう一つの世界への移相が起きている。もう一つの世界は、あへんの吸引によってもたらされた幻想の世界のはずだ。そこでは、死んだはずのバヤテールが美しく踊っている。それは幻想の踊りのはずだが、その踊りは現実の世界のそれと同様にリアルな感動を呼び起こすのである。

英国ロイヤルバレエ団の十八番であり、日本を代表するバレリーナである吉田都も踊ったとされる「オンディーヌ」も、悲恋の物語である。

オンディーヌが水の精であること自体が、また、そのレースのように透けた長い衣装を身につけて、水中を思わせる青緑の照明の舞台で踊っている姿が、酸素を吸って生命を維持している人間世界とは異なる、通常の生命体が生息する世界とは異なる、もう一つの別の世界の香りを漂わせている。オンディーヌは騎士パレモンと結ばれるが、パレモンは別の女性と結婚することになってしまう。オンディーヌは、男性が自分を裏切った場合には、その命を奪わなければならないという約束をしている。それは、男性とキスをしたときに遂行されるのだが、オンディーヌは、パレモンから求められても拒んでいたキスを結局許してしまい、彼を死に至らしめることとなる。

バレエが逸脱的だと述べたもう一つの理由は、このような表現をするのを許していただきたいのだが、もっとも女性的な繊細な表現を、女性的ではない身体が行っているということである。文学者でも小説家でもないわたしにとっては適切に記述することが難しいのだが、バレリーナの動作表現は非常に女性的な繊細なものである。その雰囲気は非常にフェミニンであり、細やかで優しく、純粋で美しい乙女を感じさせる。しかし、バレリーナは身軽に高くジャンプするために、また、男性から抱えられたときに身体的に安定して、次の動作を確実に正しく行うために、体重を低い値にコントロールしようとする。現在のバレリーナは、例えば第二次世界大戦前後のバレリーナよりも軽い体重に留めようとしているように思われる。そのため、食事制限をしてかなり痩せており、摂食障害に陥ったり、無月経になっているバレリーナもいるものと推測される。バレリーナの身体は、後期のルノワールの絵の裸婦像にとりわけ顕著なような、ふくよかで柔らかなバストやヒップの女性の身体とは対照的に、贅肉のない筋肉の発達した身体である。それにもかかわらず、女性的な情動表現が豊かである。バレリーナのかたから反発が寄せられるかもしれないが、より明示的な表現をあえて用いるならば、もっとも女性的な身体ではないにもかかわらず、もっとも女性性を見事に表現しているように思われるのである。

付論　歌舞伎

オペラとの対比で歌舞伎についても一言だけ述べておくこととしたい。オペラでは、死亡時に歌う必要がある役がある。殺害されたわけではないが、例えば「シモン・ボッカネグラ」である。プラシード・ドミンゴはウィーン国立歌劇場で、観衆に、死を迎えつつある人間として横になったまま不自然に見えないようにしながら、客席の奥まで声が届くように発声を工夫して歌っていた。オペラには殺害の場面はあるが、その行為は長くはないように思われる。「ドン・ジョバンニ」の騎士長はドン・ジョバンニとの決闘で負けて死亡する。その際、駆けつけた娘ドンナ・アンナに一言短く無念さを伝えるのみである。「トスカ」でも、トスカは「モーリ（死ね）」という大きな声を上げるが、警視総監を一突きで殺害する。その後、警視総監の周りにろうそくを立てたりするが、それは死亡後のことである。

これに対して、歌舞伎では、殺す行為が長い時間をかけて演じられる傾向があるのではないだろうか。少なくともそのような題目がある。例えば「夏祭浪花鑑」である。団七による舅殺しの行為は、舅である義平次が切られて舞台正面にある川を模した池のような泥舟に落ちたのちも延々と続けられる。赤く染められた布が比喩的に流血の象徴として用いられており、これでもか、これでもかと続けられ、あえていえばサディスティックな情緒の発露を観客は行為者と共に楽しんでいるようにさえも思われる。少なくとも、観客の行為者への心理的感情移入が起こらない限り、長時間にわたる殺人行為の継続は間が持たなくなってしまうのではないだろうか。気の小さなわたしなどは、客席から思わず舞台に駆け上がって二人の間に割って入り、ドクターストップをかけたいという気持ちに駆られたほどである。

「三人吉三」でも、殺しの行為が長く続けられる。歌舞伎ではこうした殺害場面は「殺し場」と呼ばれており、殺しの美学とでもいうべき伝統があるように思われる。(6)

〔注〕

（1） いうまでもないことだが、ドン・ジョバンニはイタリア語、ドン・ファンはスペイン語、ドン・ジュアンはフランス語というように、言語が異なるため発音と綴りが違うだけであって、すべて同一人物である。

（2） "Da Ponte" John Warrack and Ewan West eds., *The Oxford Dictionary of Opera*, Oxford University Press, 1992. "Lorenzo Da Ponte," Catholic Encyclopedia. 二〇一一年三月三一日確認。Carlos Saura 監督、"Io, Don Giovannni," イタリア映画、二〇〇九年、ほか。

（3） このミュージカルも映画になり、日本でもヒットした。監督トム・フィーバー『レ・ミゼラブル』ユニバーサル・スタジオ、二〇一二年。なお、映画では元々はモデル出身だと思われるアン・ハザウェイが母親フォンテーヌを体当たりで迫真の演技をしている。歌手でないにもかかわらず歌も自分で歌っていて、絶対にアカデミー助演女優賞を取りたいという気迫がこもっており、あえて言えばやりすぎの観があり、正直言って怖ささえ感じる。

(4) なお、元衆議院議員の山本譲司氏が、公設秘書給与を流用した罪に問われて、懲役の実刑判決で服役した際の経験と刑務所内の受刑者の生活の実態をつづった『獄窓記』が出版された。この本を契機として、知的なハンディキャップを負った人たちが数多く服役している実態が社会的に認知されるようになり、そうした人たちの受刑後の社会復帰を支援する取り組みが始まったり、起訴を避ける方策が模索されるようになった(山本譲司『獄窓記』ポプラ社、二〇〇四年)。

(5) 監督ロブ・マーシャル『シカゴ』リチャード・ギア、レニー・ゼルウィガー、キャサリン・ゼタ=ジョーンズ出演、ミラマックス、二〇〇二年。この作品はアカデミー作品賞を受賞している、また、キャサリン・ゼタ=ジョーンズも助演女優賞を受賞した。

(6) なお「三人吉三」は、当人たちはそうとは知らないで恋に陥るのではあるが、兄妹の近親相姦の物語でもある。

第8章　司法——政治家の犯罪を中心として

第1節　選挙運動と選挙違反

不思議な映画がある。デヴューして間もないソフィア・コッポラが監督し、ういういしさが残っているスカーレット・ヨハンソンが登場する"Lost in Translation"だ（Coppola, Sofia dir., Lost in Translation, cast: Bill Murray, Scarlet Johansson, Focus Features, 2003. ソフィア・コッポラ監督、「ロスト・イン・トランスレーション」ビル・マーレイ、スカーレット・ヨハンソン主演、フォーカス・フィーチャーズ、二〇〇三年、東北新社、二〇〇四年）。

カメラマンの夫に同行して来日したものの、夫は撮影に忙しく、スカーレット・ヨハンソンは置いてきぼりにされている。かつては有名だったが今は落ち目になっている映画俳優（ビル・マーレイ）が、日本の洋酒メーカーのコマーシャル撮影のために東京へやってくる。偶然この二人が出会って、余暇時間に行動をともにすることになる。

二人の間に淡い恋愛感情が芽生えるが、一夜を明かすことはあっても、肌を合わせることはない。帰国の直前に雑踏の中で互いに見つけあって再会し、淡いキスと抱擁をして別れる。

若い女性監督ならではの日本の文化や慣習、日本人の行動への繊細な気づきが盛り込まれている（知人の映画制作の経験のある女性編集者がこの作品を好む理由が分かる気がする）。文化の翻訳は容易ではない。人はときとして、その狭間に落ちて取り残されて迷子になってしまう。

レンズを通して映し出される日本人の行動が少し滑稽で、身につまされたり、気恥ずかしくなるようなシーンが盛り込まれている。名刺を渡しての挨拶、カラオケ、ゲームセンターや、妙な盛り上がりかたを見せるテレビのバラエティ番組などが登場する。

コマーシャル撮影のための広告会社の通訳は、ディレクターの指示の四分の一ほども訳さない。もっといっぱい言っていると思うのだけれどととまどっているビル・マーレイに対して、彼女は短くこれがキーワードだと彼女が考える同じ言葉を繰り返す。この女性通訳ほどではないが、日本人が勝手に要約して通訳し、外国人が実際には十分に理解できていないままに相槌を打っている姿というのは、観光地や繁華街でよく見かけるように思う。

映画のストーリー展開とは関係なく、コッポラ監督が日本文化の特徴としてどうしても入れたかったと推定される内容が二つある。一つは神前結婚の新郎新婦の姿である。文金高島田の白無垢の若い日本女性の姿がしとやかさを感じさせる笑顔の表情とともに描かれている。どうしても入れたかったに違いないというのは実は筆者の勝手な推測だが、その根拠は、新郎新婦がおそらく京都の南禅寺と思われる境内をゆっくりと歩いていく様子がシーンとして挿入されているからだ。神前結婚の新郎新婦が寺院の境内でそんなに長い距離を歩いていくことは考えられない。

もう一つは、選挙カーである。大声で候補者への投票を連呼するウグイス嬢が乗って手を振っている選挙の宣伝カーと、その前をジャンプしながら走って自分をアピールしているたすきがけの選挙候補者が突然出現する。二人が宿泊している設定になっている新宿西口の高層ホテルの近くの広い車道で、宣伝カーの前を候補者が飛び跳ねて走って選挙活動をするということはありえない。欧米では見かけることのない宣伝カーの連呼による選挙運動がよほど深く印象に残り、そのシーンを映画に取り入れたいと考えたのではないだろうか。

なぜ、選挙の宣伝カーは候補者の名前か、それに加えて、政党名、短い候補者のキャッチフレーズを連呼するだけなのだろうか。「……の何々でございます。頑張っております。よろしくお願いします」と繰り返し同じことを大きな音量で聞かされる。聞いている者からすると、無内容なことをがなり立てられ、ただうるさくて迷惑としか感じられない人もいるにもかかわらず、なぜ候補者は繰り返すだけなのだろうか。

私も選挙管理委員会の委員をするまでは知らなかったのだが、その理由は公職選挙法にある。候補者が自己の公約について丁寧に説明するのは演説となり、それを行うことができるのは、演説会場や、車を止めたり、自分で徒歩で立ち止まって、そこにあらかじめ定められている選挙管理委員会から配布された旗を立てて行わなければならないからである。

スウェーデンの選挙風景は、駅前に小屋がいくつも建って、運動員が通行人に自由に話しかけたり、資料が置かれた小屋の中で腰かけて話し込んだりしている。大学のキャンパスでも同様で、ボールペンなどのちょっとした品物が用意されたりもしている。

日本では、戸別訪問が許されていないが、スウェーデンでは自由である。それを迷惑に思う人は戸口で断ればいい。日本でも、かつて戸別訪問の禁止が憲法違反だという下級審の判断が出されたこともあったが、控訴審でにべもなく破棄されている(1)。

日本の選挙の投票率は低い。とりわけ九〇％近い北欧諸国と比較すると雲泥の差がある。近年、投票率の低さは、民主主義の成熟度とは異なるという議論がみられるが、日本は国民が主権者であるという意識、政治活動は国民主権の中枢的な活動であるということが十分に保障されなければならないという考えに基づく制度的保障に乏しいのではないだろうか。そのことの一つが、戸別訪問が禁止され、自由な政治的ディスコース（談話・言説）が拒否されているというところにも現れているように思われる。

戸別訪問禁止の規定は、約一世紀を遡る敗戦前の大日本帝国憲法下の一九二五年の治安維持法とセットで成立した普通選挙法の施行以来続けられているとのことだが、「知らしむべからず依らしむべし」のヴァリエーションとでもいうべき、「関心を持たせるべからず、依らしむべし」といったところなのかもしれない。

このことは、細かな公職選挙法の規定にも示されている。禁止規定の連続である。活発な選挙活動を抑える規定は、新たな主張や運動を行おうとする者ではなく、逆に、既得権を持つ者に有利に働くことになる。

スウェーデンでは高校の教育において、政治家が招かれて話をしたりもする。政治意識を持つ者が、若いころから政党に参加し、やがて党務に従事し、各党の叩き上げの政治家となっていっている。日本のような「世襲」議員はいない。

日本では、政治家の子どもが、親の看板、地盤、かばんを継ぐことができ、圧倒的に優位に立つ。小選挙区制になってその優位性はさらに際立つようになった。まるで選挙区が相続される財産のようだ。形式的には国民の誰にでも被選挙権が与えられているが、結果を見れば、実質的にはまるで封建時代の身分制度が継続しているのではないかとさえ見まがうほどである。

選挙は基本的にボランティアの活動によって担われることを前提としている。一部報酬を支払うことができる人はいる。例えば先に述べたウグイス嬢である。宣伝カーで候補者の名前を連呼している女性の報酬の額が細かく定められている。

なお、「ウグイス嬢」と聞いて、時代錯誤の用語を筆者が用いていると思われるかもしれないが、選挙管理委員会の選挙の実施要領である『選挙のあらまし』にも二〇〇九年まで記載されていた公用語である。「嬢」とはなっているが、実際にはベテランの女性で、人気のある「ウグイス嬢」は激しい争奪戦となっていて何年も前から予約が入っている。現在は「車上運動員」と呼ばれる。

選挙にあたっては、供託金を出す必要があり、法定得票数に達しなかった場合、没収される。筆者は、国政選挙にあたっては供託金の額を小さくするのが望ましいと思うが、地方自治体の議員の選挙については、たとえ「泡沫候補」と見なされていても意外に没収に至っていないように見受けられる。多くの人が誤解していると思うが、あえていえば供託金が没収されたとしても、選挙をもし宣伝広告活動と考えるならば元が十分に取れるシステムになっている。街頭宣伝カーのレンタル、ガソリン代、無料で提供されるはがきの枚数、ポスターの印刷費、新聞への広告の掲載料等に対する助成を合計すると、供託金をはるかにしのぐ額が候補者の手に渡っている。ただし、インターネットの時代になっているので、はがきの枚数を減らすなどして、供託金の額を下げるというのはあっていい主張だ。

投票用紙の開票と集計は厳格を極めている。例えば、佐藤一郎さんと加藤二郎さんとが立候補者だったときに、佐藤二郎さんと書いてあった票はどのようにカウントしたらいいのか？　細かな案分の規定がある。選挙速報などの得票数の表示には出ていないが、小数点以下三ケタまで計算している。

そもそも不審票は、立候補者か立候補者の代理人に回覧して案分を確認していく。壇上にズラッと並んで座っている代理人が一票ずつ確認した上で印鑑を押していく。これは二分の一ずつではなく、自分のほうが三分の二だという主張が出たりして、調整したりもする。

　都市伝説として、日本の選挙では開票所で票数を数える器械によって不正が行われているかのように語られているようだが、それは起こりえない。

　五〇〇票ずつ計算する器械も、手作業で数えたものを単純に枚数を再度確認するだけのことである。すべての候補者の票を器械で単純に計算するだけであり、特定の候補者を有利にすることはできない。

　そもそも開票所は有権者に公開されている。開票のために広いスペースを必要とするので、開票所の奥までは少し距離はあるが、裁判の傍聴席のような席も設けられている。最も近い開披台は眼の前にあるし、開票所の人々の動きもよく見える。統計選挙係長によるマイクを使っての開票作業者への指示も、うるさいくらいに聞こえてくる。

　もし開票システムで不正が可能であるとすれば、すなわち、もっともヴァルネラビリティが高いというか、脆弱なところがあるとすれば、最後に開票を担当した市町村の選挙管理委員会からインターネットで開票結果を都道府県の選挙管理委員会へ送信するときかもしれない。しかし、これとて複数の者が見守り、送信結果を何度も確認しており、万が一疑義が出てくれば手元の数値と都道府県の選挙管理委員会の数値とを照合させればいい。逆に都道府県の選挙管理委員会が、もし市町村の選挙管理委員会から送られてきた数値に疑問が出てくれば、各開票所では投票された用紙は厳封して保管しているので、再集計すればいい。現在のところカウントについてはごまかしようがない。

ただし、将来いつの日にか電子投票が大規模に採用される日が来るのかもしれない。そのときに、もし不正なプログラムが組み込まれてしまっていた場合には、もう確かめるすべもなく、お手上げであろう。投票に際して、いわゆるサイバーテロによる不当な干渉が行われた場合も、実際に操作された内容による最終的な結果の確定は容易ではないであろう[2]。

筆記による昔ながらの投票方法は、二〇〇三年に岐阜県可児市で全国的に早い時期に電子投票が実施された際に大失敗したことが功を奏しているのかもしれない。人件費はかかるが、現在の方法がおそらく最も原初的で信頼できる確実な方法といえよう。

点字投票についても特定の投票所で投票してもらい、開票所で開披し、その点字を反訳する人に来ていただいて反訳してもらい、票に加えている。文字が読めない人のための投票も用意されていて、私が担当した選挙管理委員会の選挙区でも実際に行われている。

開票所での不正は起こりえない。

当日の投票所の投票管理者は町内会長とか、その投票所がカバーする学区の市政協力委員（政令指定都市であれば区政協力委員）、元ＰＴＡの役員などいわゆる名望家がなっており、その学区の顔見知りの人々が数多く来ていて、本人確認も慎重に行われており、不正はほとんど不可能である。

最初に投票する人には、投票箱のふたを開けて、中が空になっていることを確認してふたを閉めて鍵をかけてから投票してもらっているので、朝一番に投票所へ足を運ばれれば貴重な体験をしていただける。

もし、投票詐欺が行われるとすれば、不在者投票が最も容易かもしれない。たまに社会福祉施設で起きたりしている。期間が長期化してきている期日前投票は、投票に来る人が広域に及び、選挙のお知らせを持っていったり、身分証明を持っていって、簡単な書類に記載すればいいだけなので、替え玉投票はまったく不可能なわけではないが、それとて数は限られている。選挙という間違いが許されない制度、不正が許されない制度であるからこそ、そうした行為が発覚したときには問題とされて大きく報道されることになるが、ほとんど大勢に影響があるようには思われない。

選挙活動において、選挙事務所から電話入れすることは認められている。すなわち、選挙活動として有権者に電話をして、特定の候補者の政策を伝え、その候補者への投票を促すことは許可されている。ただし、電話入れをしてくれる人にアルバイト料を払えば、買収になる。

そのような電話入れの作業を候補者の選挙運動の総括主宰者、組織的選挙運動管理者や会計責任者等が企画して業者などに委嘱し、その業者が請け負ったその業務に関して一定数の人々に報酬を払えば、利益誘導罪になる。その際にそれを依頼した総括主宰者、組織的選挙運動管理者や会計責任者等が逮捕され有罪判決を受けることによって、連帯責任の連座制が適用される。すなわちその候補者が当選していても当選は無効となる(3)。

ただし、選挙活動の現場では地元に密着した候補者の場合、選挙活動で淡々というか、要領を心得て手際よく働いている複数の中年男性を見かけることも少なくない。確かにボランティアなのであろう。立候補者や、選挙事務所、選挙本部から労働の報酬の対価を得ているわけではない。ただし、どのような会社から、業務に支障をきたしかねないほどの長期間にわたる休暇が与えられ、奉仕活動が許可されて、どのように職業上の地位の保障が得られているのかは興味深いテーマである。

公職選挙法違反では二〇〇三年に鹿児島県で起きたとされた公職選挙法違反事件が注目に値する。公訴事実によれば、鹿児島県議会議員に立候補を予定していた者の運動員らが、鹿児島県志布志町のある集落の人を二〇〇三年二月から三月にかけて四回にわたって集め、金を渡して投票と票の取りまとめを依頼するという買収が行われたという容疑である。

この事件では、容疑者を複数回長期間にわたって勾留し、長時間にわたって取り調べが行われ、弁護士との接見も妨害され、接見が行われると取り調べ者はその内容を聞き出してそれの内容を否定する供述調書を作成したりしていた。被告人によれば取り調べの際にはさまざまな脅迫的言辞が用いられたり、後に裁判所によって特別公務員暴行陵虐罪が成立するような取り調べ方が行われ、供述も大きく変遷している。四回あったとする会合の日にちの一部を特定せず、特定した日について被告人のアリバイが成立すると、別の日であった可能性があると申し立てるなど、公判廷における犯罪の立証にも問題があった。判決文でも述べられているように、供述調書の分まで含めれば七世帯の小さな集落の一〇人程度の住民に対して合計三〇〇万円という非常に多額の金が支払われるという、あえていえば非常に非合理的な行為内容になっており、さらに、これほどの金額が動いたとされるにもかかわらず、支払われた金の原資も明らかにされていなかった。判決文のその部分を引用しておきたい。

「すなわち、被告人らの自白は、被告人Kが、本件選挙に当選するために、（b）集落にあるA方において、近隣住民らを集めて合計四回開催された会合に出席し、その場において、起訴されている分だけでも合計一九一万円もの現金が供与され、被告人B、同C、同D及び亡Eが各二六万円を、被告人Fが二一万円を、被告人Jが二〇万円を、被告人G、同A、同H及び同Iが各一〇万円を、被告人Mが六万円をそれぞれ受け取ったというものである。さらに、被告人らの供述調書によると、起訴されているもの以外にも、〔1〕被告人Kが、買収会合を開いたことの口止め料として、被告人Aに三〇万円を渡した、〔2〕被告人Lが、被告人Aに対し、会合のお礼として一〇万円を渡した、〔3〕被告人Kが、被告人Cを介して、被告人Bに三〇万円を渡した、〔4〕被告人Kが、被告人Aらを介して、亡Eに二〇万円を渡したなどとされており、これを前提にすると、被告人Kは、Aらを介し、（b）集落及びその周辺地域の住民に対し、相当に多額の金銭をばら撒いたということになる。

しかしながら、そもそも、（b）集落は、志布志市の中心部から相当に離れた山間部に位置し、わずか七世帯が存在するにすぎない極めて小規模の集落である。しかも、今回の買収会合に参加したとされる人物は、一回目会合から四回目会合まで、ほぼ同じ顔ぶれであり、いずれも（b）集落及びその近隣の集落に居住する者ばかりであることにもかんがみれば、このような買収会合を開催し、被告人K自らが出席して多額の金銭を供与することに、選挙運動として、果たしてどれほどの実効性があるのか、実際にそのような多額の金銭を供与したのか、甚だ疑問である。[4]」

結局、裁判所は四回の会合はなかったと認定して、全員に無罪を言い渡したが、そのうち一名はすでに死亡しており、さぞや無念の思いで命を終えていったことであろう。

先に述べたように、この事件では、裁判所は、この公職選挙法違反被告事件の取り調べにあたった鹿児島県警察本部刑事部捜査第二課に勤務していた警部補に対して、特別公務員暴行陵虐罪の成立を認め、懲役一〇か月執行猶予三年の判決を言い渡している。福岡地方裁判所の判決文の犯罪事実の認定に関する部分を引用したい。なお、踏ませた回数については争いがあったが、一回はしたと被告人が認めているため、その回数が採用されたものと思われる。

（警部補は、公職選挙法違反の容疑者の取り調べにおいて――引用者）A4版の用紙三枚に、自ら蛍光ペンを用いて「A、お前をこんな人間に育てた覚えはない　B」「じいちゃん、早く正直なじいちゃんになってください　C」「娘をこんな男に嫁にやったつもりはない」と、実父や孫らが前記Aに対して黙秘を辞めて取調べに応じるように説得する内容と理解できる文章及び名前を記載するとともに、前記用紙三枚を椅子に座っていた同人の足下に並べ置いた上、同人に対し、両手で同人の両足首をつかんで前記用紙を一回踏ませ、家族や親族の心情として記載された文章、名前を踏ませることによる精神的苦痛を与え、もって、警察の職務を行う者が、その職務を行うに当たり、被疑者に対して陵辱・加虐の行為をした。[5]

ただし、この事件についての取り調べは、単に特別公務員暴行陵虐罪で有罪判決を受けたこの警部補だけの問題に帰することはできないのではないかと考えられる。この事件については複数の損害賠償請求の民事訴訟が起こされているが、その一つでは裁判所は、鹿児島県と国に対して、原告一二人に対して各四六〇万円を、一人がすでに死亡しているためその遺族五人に対して合計して四六〇万円になる額の支払いを命じる判決を言い渡している。その判決には以下の文章が見られる。

「以上からすると、P1検事、P2副検事、P3副検事、P4副検事ら検察官及びP5警部補、P6巡査部長、P7警部補、P9警部補、P8警部補、P10警部補、P13警部補、P11警部補、P12巡査部長は、原告らの接見交通権を違法に侵害し、過失があったと認められ、これらの行為は、本件公職選挙法違反事件にかかる被疑事実の一連の捜査のために検察官及び司法警察員が共同して行った行為であるというべきである。

したがって、被告県及び被告国は、これらの行為によって生じた損害について、共同不法行為責任（民法七一九条一項）を負うものと認められる。[6]」

特別公務員暴行陵虐罪が認定された踏み字の強制も、巡査部長が取り調べに同席した上で行われている。この事件の捜査は県警察本部刑事部捜査第二課が担当しており、本庁の捜査第二課は優秀な人材が集められている部署と聞いているが、七人の警部補と二人の刑事部長が担当していながらもこのようなことが起きてしまった。検察庁では一人の検事と三人の副検事が担当しているが、裁判所は副検事による接見妨害を認定しており、長期間にわたる勾留は検事の判断と決定が大きな影響を与えていたと推定される。容疑をかけられた人々は四カ月、半年、八カ月、一年以上というように長期間にわたって勾留され、平穏に過ごせるはずであった日常生活や職業活動を妨害された。当選しながらも事件に関係していたとして一年以上勾留された議員は、勾留中に県議会に辞職願を提出して議員を辞することとなった。かけがえのない生活を持つとともに主権者として尊重されるべき人々が、賠償金ではけっして埋め合わせることができない、非常に大きないわれのない犠牲を強いられた。

第2節　世界の政治家の犯罪

政治家が行う犯罪は多種にわたっている。

政治家としてもっとも注目されるのは汚職だが、代表的なのは賄賂である。受け取れば収賄、すなわち、金銭や物品を受け取ったり接待を受けたりして自己の職務権限を行使して便宜を図れば収賄となる。贈った側は贈賄罪に問われるが、これは政治家へ金銭などを渡す側であり、企業や利害関係者が犯すことが多い。日本では収賄罪と贈賄罪の公訴時効が異なる。そのため、贈賄側は罪に問われないが、贈賄側の供述に基づいて収賄側が有罪判決を受けることもある。日本では贈収賄は公務員が行ったり、公務員に対して行った場合に成立する（したがって「収賄罪」は「身分犯」である）。外国では、中国の「商業賄賂」のように、民間企業に対して不正な利益を得ようとして行った場合であっても贈収賄が成立する国がある。

自分に職務権限がない場合でも、依頼者から金銭等を授受して、職務権限を持つ者に強力に依頼者の意向に合致した行為をするように働きかければ、日本では「あっせん収賄罪」に問われることになる。

職務において、公金を横領することもあれば、議員としての地位を利用して詐欺を行うこともある。職務遂行の上で目的を達成するために脅迫を行うこともある。依頼者には贈賄の意図がないにもかかわらず、恐喝をして金を出させることも起きる。

選挙で金や物を譲渡したり、接待を行って自分への投票を依頼したり、対立候補の選挙を妨害する買収を行うことがある。選挙で、投票者ではないのに替え玉で投票を行えば詐欺になる。議員活動に関係して脱税を行うこともある。

以上を、政治家が「職務に係わって行う犯罪」、「選挙に関連して行う犯罪」、「政治資金に関連して行う犯罪」というように三つの類型に分類すれば、最初の職務に関するものとしては、収賄、横領及び詐欺が、二番目の選挙に関連するものとしては買収、詐欺、日本であれば公職選挙法違反が、政治資金に関連するものとしては、最初のカテゴリーと重複するが収賄、脱税　日本なら政治資金規正法違反などが該当する。

いうまでもなく政治家は政治家の職業に関係しない通常犯罪も行っている。例えば、暴行や傷害などの暴力犯罪を行ったり、コカインなどの違法な薬物の所持や摂取を行う薬物犯罪をしたり、窃盗などの財産犯罪を行うこともある。性犯罪を行ったり、性的な内容のメールや写真を送るなどの不品行や、トイレ等でわいせつな行為をした議員もいる。

日本の政治家の犯罪について考察する前に、まず世界の政治家による犯罪に目を向けておこう。政治家による汚職の世界各国間の比較は容易ではない。しかし、様々に異なる指標を取った場合でも、汚職の少ない国として最上位を占めるのはデンマーク、フィンランド、スウェーデン、ノルウェイといった北欧諸国である（Holmes, Leslie, *Corruption: A very short introduction*, Oxford University Press, 2015, pp.39–40.）。

その理由は、先に述べた一般の人々の政治意識の高さ、日常生活における政治的活動の活発さと政治的意思決定過程の透明性が大きく影響していると考えられる。日本の選挙制度は、いわば国民を性悪説に立って国民の自由な行為を規制するという観点から作られているために、かえって一般の国民と政治との間に距離を作ってしまい、政治家の専横を許し、政治家の汚職をはじめとする違法な行動や、法の趣旨を尊重しているとは言い難い逸脱行動を誘発しているように思われる。

近年、スウェーデンにおいては政治家の収賄などの犯罪は認知されていない。政治家の犯罪としてまず思い浮かぶのは、飲酒運転をしたり、スピード違反や駐車違反の反則金を払わずにいたりといったことである。話題になった政治家の「不正行為」としては、一九九〇年代に当時副首相をしていた女性国会議員が公的政治活動を支出するために貸与されているクレジット・カードで私用のチョコレート等の食料品を買ってしまったというものだ。この事件に対してはマスメディアの報道が過熱した。二〇一六年に東京都知事が辞任するに至った日本のケースと比較しても、食料品程度以上には出て来ず、次から次へと出てきた日本の場合と違って事件性としてまったく面白みに欠けるが大々的に報道された。

アメリカ合衆国へ目を移すと、政治家の犯罪は政治活動に関するものであれ、政治活動に無関係なものであれ、先にあげた政治家の犯罪リストを網羅してあまりあるほどバラエティに富んでいる。かつて住んでいた地域については他の地域よりも熟知しているため、イリノイ州を取り上げれば、イリノイ州知事経験者のうち四人が有罪判決を受けて受刑している。ただし一人は退職後の事業によってである。イリノイ州は他の州と比較すると、有罪判決を受けて刑務所へ入所する知事が多い。

任期中に責に問われた最初の知事はオットー・カーナー（Otto Kerner）で、競馬場の管理者に開催日について便宜を図り、ストックオプションを受け取り、任期中にそれを売却して利益を得た。一九七三年に詐欺等で三年の実刑判決が下った。なおその際のアメリカ合衆国連邦政府のイリノイ州北部地域の検事総長は、後にイリノイ州知事になる人物であった[7]。

二人目のジョージ・ライアン（George Ryan）知事は死刑囚に死刑の執行停止を行ったことで著名である。

一九九九年から二〇〇三年までイリノイ州知事であったジョージ・ライアンは、死刑を執行された死刑囚が実は無罪であったことが判明し、死刑判決が確定して収監されている死刑囚に関する委員会を設立した。死刑囚に対する再調査が行われたところ、被告人に十分な防御策が認められていたならば死刑に処されることがない者が半数近くいることが明らかになり、イリノイ州の一六〇余名の死刑囚を終身刑に減刑するという歴史的決定を行った。

他方で、州知事になる以前に資格のない運送業者に許可を与え、その見返りとして賄賂を受け取っていたことが判明した（Merriner, James L. *The Man Who Emptied Death Row: Governor George Ryan and the politics of crime*, Southern Illinois University Press, The Elmer H. Johnson and Carol Holmes Johnson Series in Criminology, 2008.）。

これは、この運送業者の車がその際に六人の被害者が出る大きな人身事故を起こし、ニュースになったが、この業者が違法に運送業者の認可を受けていたこと、当時州の長官であったライアンがその便宜をはかった見返りに金を受け取っていたことが明らかになり、逮捕された。

裁判の結果、六年半の実刑を受け、連邦刑務所に収監され、二〇一三年に出所した。ライアン元知事は、被害者に哀悼の意を表するとともに、法律的には因果関係の成立しない交通事故による人命についても陪審員によって責任を帰属され、重罰が下ったと考えているようである。

その後、知事は共和党から民主党に移り、ボクシングも得意で、若やいだ高校生のような髪型がトレードマークのロッド・ブラゴヴィッチ（Rod Blagojevich）が州知事になった。ブラゴヴィッチ知事は、オバマが大統領になったために空席となったイリノイ州の上院議員の地位を後継者に高く売って利益を得ようとして逮捕されることになる。一四年の自由刑が下り収監された。なお、ライアン元知事は薬剤師でドラッグストアの経営者で兵役も務めた人物であったが、ブラゴヴィッチ知事はロースクールを卒業した弁護士で検察官も務めた経験があった。

アメリカ合衆国では数多くの政治家が実刑判決を受けて刑務所に収容されているが、そのほとんどは連邦刑務所に収容されている。

筆者は、アメリカ合衆国の連邦刑務所を二か所参観している。そのうち一つは、最高級の保安度の刑務所で、厳重を極めており、この施設に収容されているのは、重大な人身犯罪を伴って連邦法に違反した重罪の受刑者であったり、脱獄を行ったり、州刑務所で問題を起こして収容しきれなかったりした受刑者である。ここに政治家が収容されることはない。

もう一つは二〇一六年に参観したマサチューセッツ州の連邦刑務所である。その刑務所は、医療センターと名づけられており、病院の機能を持つ刑務所であったが、一般の受刑者も多く収容していた。医療設備は最新のものが整えられており、人工透析器も二〇台ほど設置されて稼働しており、リハビリテーション施設もあった。医療設備を除いて考えても、体育館のような大部屋に、多数の二段ベッドが置かれ、受刑者が仕切りもなく生活をしており、過剰収容状態の中でむき出しで密接して受刑者同士が生活しているところもある州の刑務所（prison）や郡の拘置所兼用の刑務所（jail）とは雲泥の差があり、整った環境と落ち着いた雰囲気の刑務所であった。

「この連邦刑務所には、政治家も収容されているのですよね」と、案内の上級の刑務官に尋ねたところ、こちらから何も質問していないのに、政治家の受刑者は他の受刑者とまったく同様に扱っており、特別扱いはしていないということを強調する回答が返ってきた。このことから、逆に、一般の人々は、刑務所が政治家の受刑者に特別待遇を与えているというように信じているらしいこと、そのことを連邦刑務所が気にしているらしいことが窺い知られた[8]。

しかし、そのように設備の整った刑務所であっても、政治家にとっては今までの民衆の代表として尊重された地位とは異なる過酷な体験であり、それをつづったり、その経験から得た提言を行っている政治家もいる。

約二〇年を隔てた二人の政治家の体験記に耳を傾けてみよう。

ジョセフ・ティミルティは（Joseph Timilty）は一九七二年から一九八五年までマサチューセッツ州の上院議員を務めた。一九九三年、不動産取引の詐欺の共謀罪で四か月の実刑と二年の仮釈放の判決を受け、ペンシルヴァニアのスクーキル（Schuylkill）の連邦刑務所に収容された。共犯の受刑者がティミルティが同一の刑務所に収容されることを忌避したためであった。

そこでの日記とともに、出版された本のなかで、受刑生活を振り返っていくつかの提言を行っている（Joseph Timilty, With Jack Thomas, *Prison Journal : An irreverent look at life on the inside,* Northeastern University press, 1997.）。

まず、裁判官から裁量権を奪い、事件ごとに異なる要因を考察検討して執行猶予などを付けることを許さず、一律に最低限度科さなければならない刑を定め、実刑判決を下させるようにした「マンダトリー・ミニマム・センテンス（Mandatory minimum sentence）」を批判している。また、刑務所の受刑者のうちで、二〇％が非暴力の犯罪による初犯者であり、犯罪者としてのレベルは低いにもかかわらず刑務所に収容している問題点を指摘している。一人あたりの収容コストは年額三万五〇〇〇ドルに及び、初犯の非暴力犯を週末拘禁にすべきであるとしている。刑務所とハーフウェイハウス――受刑者が出所後社会復帰するための「中間施設」で、日本でいえば「更生保護施設」に類似している――が、汚職のために乏しい設備にとどまっていることを指摘する。政治家であるジョセフ・ティミルティは、政治家が犯罪者に同情的と見なされることを避ける傾向があることを指摘し、福祉に回されるべき予算を刑務所に回してしまっている議会の決定を批判する。刑務所内での労働、教育、宗教の活動が有意義なものに改善されることを提言している。また、アメリカでは連邦、州および郡の検事総長が政治職であり、マスメディアの注目を集めるケースを選んで起訴し、どれほどのコストがかかろうとも有罪を勝ち取ろうとすることを批判する。

「もしアメリカ人がこれらの問題に気がついたり、もし私たちの政治的リーダーがこの問題について議論する勇気を持っていれば、アメリカ合衆国が非常に多くの人々を受刑させているのは、何かが非常に間違っていることについて合意するであろう。犯罪者を更生させたり意味のある回復修復復弁償をコミュニティーに提供したりするよりもむしろ刑務所収容が単に人々を閉じ込めておくだけになっているのは、さらに何かが歪んでしまっているのである。」(Timilty, Joseph, With Jack Thomas, *Prison Journal : An irreverent look at life on the inside*, Northeastern University press, 1997, p.253)。

ミズーリ州の上院議員であったジェフ・スミス(Jeff Smith)上院議員は、対立候補に対して行った選挙妨害に関する捜査を妨害した司法妨害罪によって起訴された。二〇〇九年、一年と一日の実刑判決を受け、ケンタッキー州マンチェスターにある保安度が最も低い連邦矯正施設に収容された。彼の刑務所体験記は二〇一五年に出版されているが、その内容の一部を紹介することとしよう(Smith, Jeff, *Mr. Smith Goes to Prison: What my year behind bars taught me about America's prison crisis*, St. Martin's Press, 2015.)。

アメリカ合衆国の刑務所人口は一九八〇年の一〇倍になった。入所した受刑者のうちホワイトカラーの犯罪による受刑者はたった一%に過ぎなかった。圧倒的多数は、薬物犯であった。死亡させることができる武器を用いて相手に暴行をした者はほんの数人だけだった。収容されている全アメリカ人の半分は非暴力犯である。非暴力犯の受刑者の四分の三は黒人かヒスパニック系である。薬物取引犯の犯罪歴はもっとも低い犯罪歴であるにもかかわらず、彼らの平均刑期は七八か月（六年六か月）で、その他の違反者の四年八か月よりも四〇％長い。刑務所の外であれば一時間で儲けられる額を、受刑者は一か月の労働で受け取る。刑務所への収容ではなく、電子監視であれば、税金を使わなくてすむ。非暴力犯の半分を電子監視にしたとしても、年額一六〇億ドルも経費が少なくてすむ。強制的な最低限の判決によって非暴力犯罪の違反者の九分の一——約一六万人——が終身刑である。そのうちの三分の一は仮釈放の可能性がない終身刑である。刑務所は何十万人もの精神障害者を収容し、それは実質的には大量失業の代替機能を果たしている。刑務所に収容すれば、失業率の母数に加える必要がない。私営刑務所や刑務所の食事供給企業等のロビー活動が常識やコスト削減改革を妨害している。過度の長期刑に処すために、社会的適応がより困難になり再犯率が高くなるという悪循環を招いている。長期の受刑によって、外部との交流が失われ、友人や親せきとの関係が失われる。それが再犯率の上昇要因になっているとして、読者に、受刑者や出所した元受刑者を援助するボランティアになってほしいと訴える。

一九九七年の政治家の刑務所体験記においても、二〇年後の二〇一五年の政治家の刑務所体験記においても、ほぼ同じ内容の指摘がなされている。約二〇年前に政治家から指摘されていたにもかかわらず、刑務所の収容者の増加は最近まで継続した。アメリカ合衆国の犯罪学者のほとんどが、犯罪者の刑務所への大量収容政策の問題点を指摘し、反対してきたにもかかわらずである。州刑務所と連邦刑務所を合わせた数値で見た場合、刑務所人口は、正確には一九七〇年の一九万六〇〇〇人からピークの二〇〇九年の一六一万三〇〇〇人というように約四〇年間で約八・二倍に増加した。その後、刑務所人口の増加傾向を停滞させやがて減少へ転換させたのは、刑務所への収容の問題点を指摘し、刑務所収容の効果に関して疑問点を提示する学問的成果によるものではなかった。政治家による刑事政策に関する冷静な現実の認識に基づく議論による合理的決定に基づくものでもなかった。アメリカ合衆国の刑事政策を転換させたのは、リーマンショックによる経済不況とそれに伴う税収の減少による連邦、州、郡に至る行政府の財政難であった。

先ほど「もしアメリカ人がこれらの問題に気がついたり、もし私たちの政治的リーダーがこの問題について議論する勇気を持っていれば、アメリカ合衆国が非常に多くの人々を受刑させているのは、何かが非常に間違っていることについて合意するであろう。」という受刑生活を経験した政治家の二〇年前の論述を紹介したが、実は、この文章は仮定法で書かれている。一九九七年当時、このことに人々が気がついたり、政治家が議論する勇気を持つことは、それほどに難しかったということであろう。少なくとも、それが期待できないことをこの政治家は認識していた。そして、この状態は、ごく最近まで——財政難によって大量の閉じ込めが不可能になるまで——続いたということである。

日本の政治家のなかにも、有罪の実刑判決を受けて、実際に刑務所に収容された人たちがいる。そのなかには大臣経験者や党の要職を務めた国会議員も含まれている。

刑務所での体験記を出版して日本の刑事政策に大きな影響を与えた人として山本譲司元国会議員がいる。彼は、当時の社民党の国会議員であったが、公設議員秘書の給与を横領したとして逮捕された。二〇〇〇年、第一審の裁判で一年六か月の実刑判決が下り、控訴すればおそらく執行猶予が付いたと思われるが、そのまま服役した。黒羽刑務所に収容されたが、そこで与えられた刑務作業は知的障害や精神障害の受刑者の世話をするというものであった。通常の刑務作業ができないため、別室が設けられていて、そこで作業が行われていた。与えられている作業は、例えば、両端が固く結ばれたひもを五〇本単位で渡され、その結び目を解くという仕事だ。結び目を解いて一段落したら、それは彼らの仕事場とは異なる別の部屋に運ばれる。その部屋で山本氏らが再びそれらのひもの両端を強く結び直し、そのように結び直していると気づかれないようにして、再び彼らに渡され、結び目を解くという作業を続けてもらうというものだった。そうした仕事の手配をしたり、衣服の着脱はもちろん排便の世話をしたりと、介護福祉士のような仕事をすることが山本氏の役割であった[9]。

私も、放送大学の大学院のコースで『新訂　逸脱行動論』の放送教材を作成するために日本の代表的な刑務所でロケをさせてもらったが、そのなかに、プラスチックのハンガーの「ひげ」を取り除く作業を数人で和室の別室でしている高齢受刑者の姿があり、このような作業を毎日毎日続けていたのでは認知症がさらに進んでしまうのではないかと懸念されたため、それを映像として取り入れて問題点を示唆したが、ほんらいであれば社会福祉施設で処遇されているのがふさわしいと考えられる受刑者が日本の刑務所には収容されている。

山本譲司氏の著作は大きな反響を呼び、刑務所内の知的障害者に関する調査が行われ、その結果を受けて、出所時に社会福祉サービスや社会福祉施設へと繋げていく試みが開始された。

アメリカ合衆国からアジアへ目を移すと、日本の近隣諸国に限ってみても国情に応じた特徴が見られる。例えば、マイケル・ジョンソンは四類型に分類している（Johnson, Michael, "Japan, Korea, the Philippines, China: Four syndromes of corruption," *Crime, Law and Social Change*, Vol.49. pp.205–223, in Rothstein, Bo, ed., *Political Corruption*, Edward Edgar Publishing, 2015, pp.680–698.）。その類型に基づいて、簡潔に述べておくこととしたい。

それによれば、日本の政治家の汚職は「市場影響型」とされる。すなわち、市場の自由競争によって選択が行われるのではなく、政治家の介入や影響力によって何が採用されるのかが決定されるというものである。その例としては、しばしば田中角栄首相（当時）による全日空の機種選定への影響力の行使が挙げられることが多い。

これに対して韓国はエリート「官僚カルテル型」とされる。大統領とその一族と結びついて便益を得たり、財閥から、非常に集権化したエリート官僚に対して工作が行われ、エリート官僚間のネットワークが大きな役割を果たす。

中国に関しては「公務員権力者型」となっている。周知のように中国は中国共産党による一党支配のもとで、開放経済を実行し、急速な経済成長を遂げた。その過程で、公務員に対する賄賂が横行し、膨大な額に登る不正な蓄財がなされた。国民の批判の高まりもあり、習近平国家主席は党に中央規律検査委員会を組織し、「腐敗撲滅」をスローガンに掲げて摘発を進めた。その結果、周永康、徐才厚をはじめとする中国共産党の最高幹部や軍の幹部が党籍を剥奪されて刑に服したが、そのなかには何兆円もの不正蓄財を行っていた者もいた。

第四番目の「寡頭的な一族による支配型」としては、フィリピン、インド、マレーシア、タイ、バングラディッシュ、パキスタン、ネパール、スリランカなどが挙げられている。代表的な例として、フィリピンでは、フェルディナント・マルコスが一九六五年に大統領に就任し、一九八六年に追放されるまで、マルコス王朝と呼ばれるほどの権勢をふるった。不正蓄財が行われ、イメルダ夫人もビジネス帝国を作り上げた。マルコスが追放されたのちは、民主化を唱えるアキノ・ファミリーを経て、フィデル・ラモス将軍と連携したロペス・ファミリーが復活した。ただし、二〇一六年、前タバオ市長で共産党とも親和性を持ち、麻薬撲滅を目指すドナルド・ドティルテが大統領に就任した。

アジアから、近い将来、経済発展を遂げ、世界的な影響力を持つに違いない——と筆者は予測している——アフリカへ眼を移してみよう。

アフリカは、現在、政治的に不安定な国もあり、貧困をはじめとするさまざまな問題を抱えてはいるが、多くの国で人口の増加が顕著であり、中国の援助などもあって急速に経済発展している。こうしたアフリカ諸国における政治家の犯罪は非常に興味深い。

アフリカの多くの国では、国内に伝統的な部族が叢生しており、部族内部での交流と結束が固く、部族間の対立が強い。また、贈答の習慣があるため、政治的腐敗も顕著である。

先進国からの援助は、食料などの人道援助でさえも、本来援助を受け取るはずの人々に届くまでに抜かれてしまったり、道路の建設や建物の建築費用の援助であれば、政治家が多額のキックバックを受け取るため、実際に建設と建築に使われる費用はかなり差し引かれた額になっていたりする。その国の政治的リーダーになることはたいへんな金持ちになることも意味する。南アフリカのように他のアフリカ諸国と比較して民主制の進んだ国であっても、国家予算が大統領によって私的に流用されているという問題が発生している。

筆者はケニアの少年司法や児童福祉の実務家に対する研修を担当したこともあり、多少なじみがあるので、ケニアについて取り上げれば、ケニアには国際的観点から見て非常に興味深い政治家の「犯罪」に関する先進的な問題がある。それは新たに発足しその活動が注目されている国際刑事司法裁判所との関係である。

二〇〇七年に行われた大統領選挙では、キユク族出身のムワイ・キバキ大統領が再選を果たしたとして、大統領に就任した。これに対して対立候補のライラ・オディンガ氏の支持層である社会的に恵まれない人々が、選挙に不正があったとして抗議して暴動に発展した。

これらの人々に対抗するために、ウフル・ケニヤッタ氏はキユク部族の若者を組織して、これらの人々への襲撃を扇動したとして、人道に対する罪で国際刑事裁判所へ告訴された。この抗争で約一二〇〇人が死亡し、約六〇万人が焼き討ちなどにあって家を失った。

ウフル・ケニヤッタ氏は、ケニア独立を成し遂げたジョモ・ケニヤッタ初代大統領の息子であるが、ウフル・ケニヤッタ氏は二〇一三年の大統領選に出馬して勝利した。大統領選挙の時期に、国際刑事裁判所はウフル・ケニヤッタ氏を嫌疑不十分として、訴追を取り下げる決定をした。なお、現在の副大統領はウィリアム・ルト氏であるが、ウィリアム・ルト氏もまた、二〇〇七年の暴動に関して人道に対する罪によって国際刑事裁判所へ告訴されていた。ただし当時、ウィリアム・ルト氏はウフル・ケニヤッタ氏とは対立するライラ・オディンガ氏の側に立っていた。ウィリアム・ルト副大統領に対しては、二〇一六年国際刑事裁判所は訴追を無効とする決定を下した。

同年末の時点では、象牙海岸の元大統領であるローラ・ガグボ（Laurent Gbagbo）とシャルル・ブレ・グデ（Charles Blé Goudé）が、選挙後の暴力によって人道に対する犯罪で起訴されて審理が進められるとともに、コンゴ解放のための愛国軍の副指揮官であったボスコ・ナタガンダ（Bosco Ntaganda）が、戦争犯罪と人道に対する犯罪で起訴されて審理が行われている（International Criminal Court, Case Information Sheet, Situation in Côte d'Ivoire, The Prosecutor v. Laurent Gbagbo and Charles Blé Goudé, ICC-02/11-01/15, Updated: 21 January 2016. Case Information Sheet, Situation in the Democratic Republic of the Congo, The Prosecutor v. Bosco Ntaganda, ICC-01/04-02/06, Updated: 7 September 2015.）。

すでに、ユーゴスラヴィアで社会主義政権が崩壊したのち民族間の紛争が起こり「民族浄化」と呼ばれるほどの殺戮や性暴力が発生したことに関して、また、カンボジアのポルポト政権の下で大量虐殺が行われたことに関して、当時の大統領や政治的指導者が国際刑事法廷で裁かれた実績がある。しかし、恒常的な機関として設立された国際刑事裁判所が、政治家による人権や人道に対する犯罪にどのように対処していくかは、非常に重要で興味深いテーマとなってきている。

第3節　政治家の犯罪と検察

可能な限り傍聴した収賄事件の裁判がある。

二〇一四年六月に逮捕され、翌月に起訴され、二〇一五年三月に名古屋地方裁判所で無罪判決が下りた美濃加茂市長の収賄事件である（事件は検察側が控訴したことによって、高等裁判所で審理が開始され、高等裁判所は控訴審としては異例の贈賄者に対する証人尋問を行い、二〇一六年一一月逆転有罪判決を下した）。

浄水プラントの売り込みの便宜を図る謝礼として二回にわたって計三〇万円の賄賂を市長になる前の市議のときに受け取ったという容疑である。浄水プラントは試験的に設置され、市の役人が参観には来たものの、契約にまでは至っていない。

市長は、金は受け取っていないとしている。市長は、当時から環境問題に関心を持っており、その一環として市の職員の視察を働きかけるという当然の活動をしたに過ぎないと主張している。

二回にわたって計三〇万円をファミリー・レストランなどで渡したとしているが、その場に同席していた人物は金銭の授受を目撃していないという。贈賄者は同席者が席を立ったときに渡したと言っているが、店内のテーブルやサービスコーヒーの器械の配置から考えると不自然な面がある。

この贈賄者の他の多額の詐欺事件については起訴されていなかった。銀行から多額の融資を受けてそれを返却していないが、銀行は被害届を出していない。

贈賄側が、この三〇万円よりもはるかに多額の詐欺事件を起こしておりながら起訴されていないことに疑問を持った弁護側が告発を行い、贈賄の被告人は追起訴され、最終的に実刑の懲役刑の判決が下った。もし追起訴がなければ、実刑にはならない可能性が高かったと推測されている。

弁護士は、警察と検察庁が多額の詐欺事件の取り調べの途中で、容疑者が口にした市長への賄賂の事件について焦点を定め、より大規模な詐欺事件を不起訴にし、そのことによって実刑を免れさせる見返りとして市長の事件へ協力するという「闇取引」が贈賄被告人と検察官との間にあったとして強く非難している。市長には第一審で無罪判決が下りた[10]。しかし、後に述べるような司法取引が認められれば、これは正当な刑事手続であって、何ら批判される筋合いはないものとなる。

贈賄被告人は拘置所から何度も検察庁に出向き、長時間にわたって証人テストが行われていた。証人テストとは証人尋問の予行演習である。この被告人には保釈も与えられた。

司法取引とは、他の罪状について不問に付すことによって、検察が有罪の判決を得たいと考えている犯罪の立証に協力するというものである。二〇一六年五月、この司法取引が、国会で取り調べ過程の一部録音録画とともに、刑事訴訟法の改正として成立したので、もし施行後の事件であったならば、何のてらいもなく司法取引が行われ、おそらくこの被告人の市長が贈賄側の調書や証言が虚偽である可能性を示して、第一審において無罪の判決を受けることはなかったであろう。

筆者にとって一番印象的だったのは、この贈賄側の判決公判であった。判決の前に、まだ裁判官が現れる前の法廷で、被告の弁護士が検察官のところへ挨拶に行ってにこやかに談笑し、読唇によればおそらくお礼的な発言が弁護士から検察官に述べられたことである。長年刑事裁判の傍聴をしていてこうした場面に出会ったことはなかった。ただ、これは法廷内の一つのエピソードに過ぎない。いつでも連絡や交渉は可能であったであろう。

保釈されていて恰幅のよい背も高く血色も良い被告人が現れた。市長よりも先に判決の下りた贈賄側の被告人に対する判決では、市長に三〇万円を渡したことも他の事件とともに認定され、被告人を実刑に処する判決は確定した。(11)

政治家の収賄事件に対して、「一罰百戒」とするためには、代表的な、当然厳罰に処するに値する事件を選択して起訴がなされ、有罪判決を下される必要がある。

二〇一六年に発覚した事件としては、当時主要閣僚であった国会議員と事務所の秘書が合計一千万円近くを受け取って口利きを行い、そのことによって土壌汚染による土地に対する都市再生機構からの補償額が大幅に上がりながら、検察庁によって不起訴の判断が下された事件がある。確かに「あっせん利得収賄罪」は適用が容易ではない条文であることを考慮しても、このような言い方をしては失礼かもしれないが、この市長の事件はスケールが非常に小さい。国会議員は依頼を受けて、目の前で現金の入った袋を受け取るところまで録音されていた。

検事として特捜部に勤務し、東京地検特捜部へも応援で出かけたりもし、大阪地検の特捜部で主任検事を務めながら、担当していた事件の証拠を改ざんして逮捕され、有罪判決を受けて刑務所で服役し、出所したのちはブログに記事を掲載したり雑誌でコラムを連載している元検事が、弁護士会の招きで講演を行ったのを聴いたことがある（愛知県弁護士会「取調べの可視化市民集会」前田恒彦氏講演、二〇一五年三月七日）。

そのなかで、元検事は、前記市長の事件についても言及したが、この事件は元々「筋が悪い」という表現を使っていた。まず、権力を持つ検察としての「謙抑性」に欠けるというのである。

そもそも、政治家を収賄で逮捕するにあたっては、検察には不文律のようなものがあり、まず、贈賄側と収賄側に「ズブズブの癒着関係」が見られること、次に、賄賂の額が給与の三倍程度はあることなどが暗黙の了解事項となっていたが、この事件はそのいずれにも当てはまらないというのである。

贈賄側と収賄側が「ズブズブの癒着関係」にあり、多額の賄賂を受け取っていた政治家――とりわけ大物の国会議員――を検察庁が逮捕していたのは、一九七〇年代から一九九〇年代にかけてであろう。

それに対して、近年は、報道される内容からは、前記の市長の事件よりもはるかに悪質であり、犯罪を構成すると一般の人には思われるにもかかわらず、検察が結局動かなかったり、不起訴の決定をしたりしている政権与党に属する国会議員のケースが多いように見受けられる。その原因はどこにあるのだろうか。

恥ずかしながら、私は自由民主党の主要な派閥がなぜ五派閥あったのか分からなかった。読者は一九七〇年代に生まれていなかったり、もはや記憶の彼方へ行ってしまっていると思われるため、時期は前後するが、五派閥についてはそれほど遠くない時期に前後して首相になった人たちの名前を冠するかたちで記せば、大平派（宏池会）、田中派、福田派、三木派、中曽根派である。

自民党という傘の下にいたが、派閥のほうが中心であった。派閥の中で人事も決まっていた。それは一九九五年まで衆議院が中選挙区制を取っていて、選挙区の最大の定員がほぼ五名だったからだという。候補者が並んで立候補することができる最大数だったのだ。同一の政党から複数の候補者が立候補して議席を争えば、政策では差がないため、選挙民へのサービスで差をつけるほかなくなる。そのためには多額の資金が必要になる。

岸信介元首相の娘である安倍洋子氏が、福田赳夫氏を総裁選挙で破った田中角栄氏について尋ねたところ、岸元首相は「田中は湯気の出るようなカネに手を突っ込む。」からよくないと答えたと回想している（岩見隆夫『総理の娘：知られざる権力者の素顔』原書房、二〇一〇年、六二頁）。

このことは逆に言えば、湯気の立っていない金であれば、当時の派閥の領袖や有力な国会議員は受け取っていたのではないかというようにも推測される。急逝した父親である元首相の地盤を継いだ女性議員とその事務所が、二〇一五年に後援会の会員に対して観劇などの行事に招きながらその収支に辻褄が合わなかったり、政治資金規正法の収支報告書には記載されていない数億円の使途不明金があることが発覚したりしたが、これらは、そうした時代の名残であろう。

絶世の権力者であった田中角栄前首相を、なぜ検察庁は逮捕し起訴することができたのであろうか。それは自由民主党が実は派閥に分裂していたため、他の派閥の支持を取りつけることが可能だったからである。実際、三木首相は田中前首相の逮捕に承認を与えている。

なぜ、最近有力な国会議員の逮捕がないのか。その大きな理由の一つは小選挙区比例代表制になり、派閥の力が衰えたからである。

小選挙区制へと移行するとともに、政党助成金に関する法律が成立し、経済界などから政党や政治団体に対する献金への規制が強まるとともに、政党助成金が主要な財源となり、内閣中枢や政党首脳部の力が強まり、強力なリーダーシップを発揮するようになった。

ある元国会議員に関するジャーナリストによる聞き書きを読むと、一九九〇年前後の出来事として、以下のような記述がある。

世界は動いているが、国政は盆休みである。Tは議員会館裏のJビルの中にあるIの事務所に呼ばれ、政治活動資金として封筒を渡された。中には百万円単位の札束が何本かあった。この金が選挙区での活動資金になるが、Tは父Cから有効に使う術《すべ》を教えられる。

選挙区の有力者に分配するのだ。盆と暮れにそれぞれ手渡し、年間約一千万円、議員バッジを外すまで続いた。国政報告会や選挙戦の動員、会場準備などの手間賃である。妻のKが各自宅を訪ねて「お世話様です」と頭を下げて、現金入りの封筒を渡す。

……（中略）……

まったく考えてもみなかった世界に入ったTは、連日忙しい。年末になって、選挙区に戻る頃、幹事長のIからTのいる議員会館X号室に、

「事務所に来なさい」

との電話連絡が入る。

盆前と同じく、JビルA内のIの事務所を訪れると、何人かのN派の代議士が廊下にいた。一人一人中に入り、Iから直接「餅代《もちだい》」が渡された。百万円単位の金が政治活動資金として封筒に入れられて渡されたのだった。

年末はもちろん、一九九一（平成三）年の元日から三が日は「年賀の会」と称して、三が日で千人近い支持者を事務所で迎える。そして、三日の午後から選挙区内で首長や支援団体などを挨拶回りしてゆく。年賀状は公職選挙法違反となるため出せないが、送られてくる年賀状は昨年とは桁《けた》違いで、輪ゴムで一〇センチほどの高さになった束がいくつも届けられた。(12)

ここには、国会議員が所属する派閥の中心人物の一人から、盆と正月前の時期に二回にわたって数

百万円ずつ、年間合計約一千万円を政治活動資金として現金で手渡される様子が如実に描写されている。

強い結束を誇っていた派閥は、今は、親睦団体、仲よしサークル、勉強会グループといった程度の意味しか持たない、求心力の乏しい集団になった。以前であれば、入閣者は派閥ごとに割り当てられ、派閥の領袖が指名していたが、それは遠い昔の話となり、首相が一本釣りをして決めることができるようになっている。

現在、派閥は、自由民主党の国会議員でいえば、選挙の際に、有力議員や人気のある議員に選挙演説会や遊説に来てもらい、自分の後援団体の会員の結束や士気を高めたり、有権者にアピールして獲得票を増やすための保険のようなものなのであろう。

検察庁は、以前は、政権党の国会議員を逮捕すれば、分割して統治せよではなく、そもそも分裂しており群雄割拠しているのであるからその隙間に分け入って批判が自分へ向ってくるのを避けてしのぐことができたが、今やその政党の党首、首脳部から国会議員をすべて敵に回して戦うだけの力と気概が必要となった。もし最大野党が水と油の集団が一緒になっていて内部抗争をしているならば、むしろそちらのほうが狙いやすい。その野党がたまたま政権を取っていたとしても、同様である。従来から眼をつけていた政治家にターゲットを絞り、強力な体制で捜査に取り組まれることも行われうる。

政治家の逮捕と有罪の判決が少なくなっていることの原因は、選挙制度の変更以外に、検察庁特捜部が厳しい取調べができなくなったというのが大きな理由の一つであろう。

ベテラン刑事ではない、経験が未熟な検察官がどのようにして自供を得ることができるのか不思議であったが、先の特捜部を経験した元検察官の講演によると以前の特捜部の取調べ室の廊下には怒号がこだましていたとのことである。

一九八八年、リクルート事件で逮捕された江副浩正氏が取調べの様子を後に本に著している（江副浩正『リクルート事件・江副浩正の真実』中央公論新社、二〇〇九年）。

江副氏は自分の逮捕とその報道のタイミングから、検察庁がマスメディアへ捜査情報をリークして誘導していると推定している。先の特捜部を経験した元検事も検察庁によるマスメディアへのリークを認めており、その目的は、新聞に「関係者によると……が分かった」と書かせて、取調べ対象者にまさにその「……」の自供に追い込むためだと述べている。

社会的に地位の高い人が、職業活動の機会を奪い取られた場合の損失には計り知れないものがある。政界や経済界で活躍している人の身柄を取ることはすでに罰を与えているのと同様の効果を持つ。

社長が勾留されたり、さらにそれが長期間に及べば、会社の経営に関する重要な決定ができなくなる。会社が大きな損失を出し、経営が成り立たなくなり、取引先も離れていき、会社が潰れるかもしれないという不安に陥ったり、そうした意識を持つように追い込まれれば、自分にとってたとえそれが事実と異なっていると思われる内容であっても、一刻でもはやく調書にサインして指印をして、保釈を得て、会社経営に携わりたい、自分の逮捕によって影響を受けている会社を救済したい、立て直したいという衝動にかられることであろう。さらに、証拠品として仕事に必要な書類や物を奪われては、あまりにも被害が大きい。たとえ納得がいかない内容であったとしても、このまま拘束され続けるよりは、まだ執行猶予の判決のほうがいい、ともかく早くここから出て仕事をできたほうがいいという考えが募るものと思われる。シューシフォス（シジポス）の神話ではないが、いったいいつ終わるのか予想がつかない身柄の拘束と取調べの継続は、過酷な影響を意識に与える。政治家もまた、早く身柄を自由になって、政治活動を継続したい、たとえ自分が考えている事実と異なる書類に指印したとしても、有権者に直接話しかけて説明すれば分かってくれるに違いないという思いが募ることであろう。

有罪の判決が出されるまで無罪の推定を受けるという原則は、単に犯罪を行ったかどうかということに関してではない。社会的に制裁が科され、社会的に不利な状態に置かれたり不利な扱いを受けたりするのは有罪が確定してからであるというのが本来の趣旨であるといってもよいだろう。江副氏によれば、隔離された環境の下での取調べは、プライドを徹底的に破壊するものであったという。耳元で怒鳴られたり、侮蔑的な言葉が浴びせかけられるとともに、壁に向かって長時間立たされたりしたとのことである[13]。

捜査機関による取調べの内実が社会に知られ、取調べの可視化の要求が高まるとともに、特捜部がもはやこうした取調べを行うことが不可能になってきたことが、政治家を逮捕し、検事が考えるストーリーに合致した自供を獲得して起訴するということを難しくさせていると考えられる。早期の段階で捜査を中断したり、告発を受けても不起訴の判断を行ったりして、その先にある政治家の犯罪に対して有罪判決の獲得にはなかなか至らない。

さらに一点のみ付け加えておくならば、正義が検察の独占物ではなくなったということがある。しかし、そのことへ進む前に、現在進められている取調べの可視化について、欠落している視点があるように懸念されるので、可視化の問題について述べておくこととしたい。

補講の時に学生にしばしば見せて、クイズをする刑事施設に関するドキュメンタリー番組がある。カトリーナ台風がアメリカ合衆国のニューオリンズを襲ったときにニューオリンズの拘置所がどのように対応したのかに関するＢＢＣのドキュメンタリーだ（"Prisoners of Katrina", BBC World New, November, 2006.）。

台風によって川の堤防が決壊し、浸水が始まり、すでに下半身は水につかり、電気が止まり真っ暗になった舎房のなかで、電源喪失で作動しなくなった電子錠を必死でこじ開けて脱出した受刑者たち。二階からはカーテンを窓の外へたらしてそれにつかまって脱出している。

台風が来襲し、浸水してきたとき、自分の家族のことが心配になって保安官は現場から逃走したと複数の刑務官は主張する。他方、保安官は逃走してはいなかった、現場で指揮をしていたと主張する。刑務官たちと保安官は最後まで言い分が並行し、対立したまま番組が終了する。視聴者は宙ぶらりんの状態に置かれたままで、どうしても気になってしかたがない。

後日、学会がニューオリンズで開かれたので、ともかく現場へ行ってみようと考え、川の堤防近く被災地域と拘置所（兼刑務所）のある場所を訪ねた。

ドキュメンタリーが撮影されたときからは時間が経っているが、少しでも実際に自分の目で確かめてみるほかないと考えたからだ。

拘置所の近くまで行ったときに、思いもしなかった風景が現れた。そして、保安官はおそらくこの施設内にとどまっていたと確信した。

ドキュメンタリーで映っていた拘置所の建物の後方に超高層の巨大な拘置所の建物が屹立していたのである。その周りにも、複数の建物が存在していた。ＢＢＣのドキュメンタリーは拘置所のほんの一部の建物しか視聴者に見せず、それがあたかもすべてであるかのように視聴者に思い込ませていたのである。さすがアメリカ合衆国の拘置所は日本の拘置所とははるかに規模が違うと感心するとともに、よく考えてみれば、アメリカ合衆国の南部ルイジアナ州のニューオリンズのような大都市が、番組で映っていたような小規模の建物で済むわけはないと改めて気づかされたが、それよりもなによりも、なんという番組づくりをするのかとあきれ返ってしまった。

ＢＢＣの「ドキュメンタリー」でさえも「嘘」をつく。場面として一部だけを撮影したり、時間的に一部の時間だけが提示されるとき、そこには製作者の意図が反映されている。提示は必然的に何かの欠落を伴う。提示することによって何かが見えなくなる。製作された場合は、あることの提示は意図的にあることを隠すことである。

少なくとも、その前後の映像、時間をランダムサンプリングで選んだ映像、ある人物や部屋の特定の部分を映した映像ばかりではなく、多角的な映像、全体を撮影した映像が提示されるとともに、誤った操作や不適切な作成がなされていないのかをチェックしているか、または少なくともチェックすることができるシステムが盛り込まれているのかどうかがポイントである。

誰かが撮った映像はもちろんのことどこかに据え付けられて視点が定められた映像もまた、さらに時間的に切られて編集された映像であればなおさら、それは作り出されたものなのだ。

客観性を期待されている報道においてさえも、一部を抜き出した映像は真実とはいえない。報道でさえもそうであるところ、最初から有罪の立証を行おうとする者は意図的に使う。

ある裁判員裁判で死刑判決が下りた裁判を傍聴したが、法廷に提示されたのは、ほぼ一方的に映されている被告人の姿であった。検察官の姿はほとんど見えない。本来相互行為の会話であるはずが、相互行為の全体像が映しだされてはいない。映像はどれほど客観的に見えようとも、やはり構成されたものである。可視化され撮影された映像は法廷では、実際には結局、有罪立証の手段として使われてしまっている。

取調べ室にビデオカメラを設置するのは、監視カメラを街頭に取り付けるのと発想はどこも変わらない。いうまでもなく、市民の私的空間と取調べ室という公的空間とは違う。監視カメラの意味が異なる。街頭の監視カメラは実質的には犯罪予防としてではなく容疑者の検挙として機能している。他方、従来まったくブラックボックスであった取調べの場面が可視化された。設置されたカメラは、おそらく違法な取調べを抑止する効果を持つとともにとともに、ある部分だけが切り取られて有罪の立証として使われる。

もう一度、可視化について原点にたち返って検討し、取調べに弁護士の立会を認めることについても検討されてもいいように思われる。とりわけ少年に対する取調べの場合、弁護士の立会こそが求められているといっても過言ではない。弁護士が立会していれば、取調べの適正さについて継続的に確認するとともに、捜査者に対してその場で意見を述べたり、注意を促すことができる。

実は、私は研究者の学会よりも実務家の学会のほうが好きだ。とりわけ犯罪学、刑事政策や刑事法の領域では研究者の発表はどうしても二次的なデータの分析にとどまる（本当は知らないのに、あたかも知っているかのごとくに議論し合っているという印象が否めない）。できるだけ現場に近いところで研究したいということで、保護司をさせていただいたり、少年院の視察委員会委員をさせていただいたりしている。三〇年近くにわたって実務家の研修にも携わらせていただいた。

外国の実務家の学会のことだが、たとえば性犯罪が発生すると、現場へ急行したパトカーに備えつけられたパソコンによって、たちどころにその地域——といってもかなり広範な地域だが——に居住する性犯罪の犯罪歴のプロファイルが提示され、目撃情報と犯罪の手口などから容疑者の候補者を絞り出し、事件現場からの容疑者の行動経路を予測するというシステムが作られたりもしていた。

また、日本ではまだ街頭の監視カメラとプライバシーとの関係が論じられているようだが、もはや街頭のCCTVの時代ではない。警察官がカメラを装着するようになっている。

日本でも、高速道路や主要幹線道路にNシステムなどがいつの間にか設置された。撮影された映像の扱いに関する規則が不明確なままに繁華街の路上、公共の施設や私有の建物内にも監視カメラが満ち溢れている。いまやほとんどのタクシーは、車の前と、社内の客を撮影しており、車内の音声も録音している。そのような広がり方を見せる国なので、また、いつの間にか警察官がカメラを装着するようになっているかもしれない。

今から四半世紀以上前のことであるが、ある国の情報機関に勤務していたという人から、仕事で薬の錠剤ほどの大きさのレンズのカメラを使っていたが、それは日本製だと言われたことがある。当時はカメラレンズをそれほど小さくできるとは思いもせず、さらにそれを日本の電機メーカーが受注して生産しているとは考えもしなかったが、日本の電機メーカーの名前まで言っていたので本当のことだったのだと思う。携帯電話にカメラが付き、今はコンパクトカメラで写真を撮っている人をほとんど見かけなくなり、少数のカメラを持っている人は大きな一眼レフカメラで、ほとんどの人はi-phoneやスマートフォンで写真を撮っている。最近は、携帯電話やスマートフォンのカメラの性能が上がって、きれいに撮れるようになったと私たちは思っているが、そうではあるまい。おそらく軍事用や特殊目的に作られていたものを民間に転用することが許可されたというだけのことではないだろうか。

海外の警察には、テロ対策ということで、軍隊に近い装備を導入するようになった国もある。法執行機関の機材の性能も格段の飛躍を遂げていくことであろう。

警察官が装着しているカメラに映った人間の顔面や、やがて虹彩のデータは移動していても一瞬で集められ、電波で飛ばされてビッグデータ処理によって解析され、即座に現場の警察官に結果を送り返されるシステムが開発されるであろう。

そうしたことは警察官が犯罪発生の現場へ急行したときばかりではなく、巡回の時も含めて常時できるようになることであろう。それは、単に指名手配中の犯人や現場から逃走しようとする容疑者には限らない、法執行機関が多少なりとも関心を持つ人を常時追跡するとともに、一般の人をも監視し続けることが可能になるであろう。

アメリカ合衆国では、九一一番――日本の一一〇番と一一九番が一緒になったもの――の通報を受けて、個人宅へ入る場合に、警察官が装着しているカメラのスイッチを入れるかどうか、またどのように入れるかについては、プライヴァシーとの関係から議論が続けられることであろう。しかし、屋外であれば、警察官から何百メートル離れていようが、パトロール中のカメラの視野に入るものはすべて送信されて分析され、証拠として利用可能になり、どのような軽微な犯罪でも逮捕できるようなシステムも作ろうと思えば作れなくはない。

取調べの可視化＝ビデオカメラによる録画と直結させてしまうのではなく、それがよって立つところの発想と論理が、やがて何をもたらすことになるのかという未来を見据えた上で、それを射程に入れたより深い検討が行われる必要があるのではないだろうか。

検察庁特捜部といえば巨悪に挑戦する勇者、悪を退治する正義の使者、政治家の不正に斜そうとする果敢な挑戦者といったイメージが定着していた。しかし、そうした特捜神話に陰りが出るとともに、正義が検察の独占物ではなくなったように思われる。

とりわけ外務省職員だった佐藤優氏が、鈴木宗男代議士を逮捕するための「梯子」として逮捕され有罪判決を受けたとして『国策捜査』という言葉を流行させるとともに、自分の勾留と取調べの様子をつづってベストセラーとなり、有罪判決後もマスメディアで精力的に活躍し続けている。

後に検事長になったかたが、この当時、以前は検察特捜部に逮捕され有罪判決を受ければ、その人は社会的に活躍する場が失われたものだがと不思議がっておられたが、このあたりが一つの潮目が変わった時期なのかもしれない。

二〇〇二年、大阪高等検察庁の公安部長が詐欺容疑で逮捕された。この高検の部長は、検察庁における調査活動費の流用を告発しようとしていたとされる。その後、法務省と最高検察庁は、告発された内容について調査したが、そのような事実はなかったという報告書を出される一方で、調査活動費は急激に減少していった。

この調査活動費について筆者は詳しいことは知らず、判断能力はない。日本の制度では、あえていえば官庁の内情は記者クラブの記者だけが、外部の人間として特権的に知ることができる。この調査結果について、長年検察庁を担当してきた朝日新聞の司法記者が著書のなかで「それは、疑惑をもたれた当の検察が、内部調査だけで調活費をめぐる不正経理疑惑に『シロ判定』をしたからだ。そんなものに説得力がないのは、小学生でもわかる。国会が強力な調査権限にもとづいて関係者を国会に呼び出して証言させれば、真相は明らかになった可能性が高い。」と強い表現で断言しているのは無視しえないように思われる（村山治『市場検察』文芸春秋、二〇〇八年、四四一―四四二頁）。この問題が存在したとして、もしその解決が図られる過程で政治家の介入がなされているとしたならば、それはまた検察庁の政治家の犯罪への対応に何らかの影響をもたらすことは避けえないように思われる。

万が一にも誤解される読者はおられないと思うが、念のために述べておけば、ひょっとしてこの節で過激なことが述べられているかのように思われる読者のかたがおられたとしたら、それはまったく逆である。

検察に求められているのは、国民が主権者であり、選ばれた政治家が国民の代表者であることを尊重しつつ、政治家の不当な干渉を許すことなく、政治家におもねることもなく、しかし他方で、手段を選ばない直接的な正義の実現ではなく、法に基づく正義の実現だということを述べているに過ぎない。また、この節に書かれていることのほとんどは、引用して示しているように、すでに検察庁特捜部に勤務した経験のある検事や特捜部担当であった司法記者によって言われていることである。もし少しでも新たに示唆的なことがあるとすれば、せいぜい可視化に関することとここで繰り返し述べていることくらいであろう。

検察を含む司法に求められているのは、適正な手続を厳守して法における正義の実現を図ることである。正義にもとることなく、しかし、正義のために手続を逸脱したり、権限を乱用したりすることがあってはならない。

一九四八年に昭和電工事件が起きて、来栖赳夫経済安定本部総務長官、西尾末広副総理らが逮捕され、芦田内閣が瓦解した。総辞職後、芦田均首相も逮捕された。しかし、最終的に裁判で有罪になったのは来栖赳夫経済安定本部総務長官一人だけであった。

芦田首相は収賄罪に問われたが、無罪となった。芦田首相は自己の非を認め反省を示した。しかし、この事件では、芦田首相には法的責任はなかったのであり、倫理的責任について引き受けるにしても、職務権限がないにもかかわらず自分を逮捕しながら、結局有罪を立証することができず、結果的に政治に不当な干渉を行った検察の責任こそを問い、そのことによってその後の日本の政治が非常に大きな——日本の進路が異なるほどの重大な——影響を受けたことの問題を指摘する必要があったのではないだろうか。(14) マスメディアも検察が行ったことと自らがした報道の是非についてきちんと再検討することこそが必要だったのではないだろうか。

そうであったならば、誤った検察特捜部神話が築かれてしまうことなく、国民やマスメディアから間違った期待が寄せられ、特捜部が無理な捜査を進め、最終的には特捜部の検事から逮捕者を出したり、疑問視される判断をしたりすることにもならなかったのではないだろうか。

検察に求められているのは、権限を濫用することなく、適正な手続きを厳守して法の範囲内で正義の実現を図ることであるが、このことはとりわけ新法が成立したり、法律が改正されたりして新たな権限を獲得したときに、さらにそのときばかりではなく将来においても、それを濫用して正義の実現に反することがないように留意する必要がある。

たとえいくらマスメディアや世論が懲罰を求めているからといっても、例えばロッキード事件の捜査において行われたように、日本の当時の法手続では認められていない、証言者をあらかじめ免責して嘱託尋問調書を取るようなことは慎まれるべきことであったにちがいない。司法取引が導入されたからといって、たとえメディアや世論が厳罰を求めるようなことがあっても、冤罪などが発生することなく、また正義にもとる内容と結果にならないような十分な配慮がなされてこの制度が運用される必要がある。現在、アメリカ合衆国で大学の客員研究員として、共犯者の司法取引によって有罪となった政治家に関する文献を読んだりしているが、日本ではこの制度の導入にあたって、セイフガードを設ける工夫がなされたようだが、この制度は日本人の正義の観念とは異なる面を持っており、やはり危うさのあることは否めないと考えられる。

〈本章は、科学研究費「政治家による犯罪の研究」（課題番号26280101 研究代表者 鮎川潤）及び二〇一五年度関西学院大学特別研究助成「政治家の犯罪」の研究成果の一部である。〉

〔注〕

（1）妙寺簡易裁判所　昭和四三年三月一二日判決　昭和四二年（ろ）第六号　公職選挙法違反被告事件。控訴審　大阪高等裁判所　昭和四三年九月二五日判決　昭和四三年（う）第五七一号　公職選挙法違反被告事件。なお、文書図画の頒布の規制に対する憲法違反判決としては以下のものがある。岐阜地方裁判所　昭和五五年五月三〇日判決　昭和五二年（わ）第二五号　公職選挙法違反被告事件。

（2）アメリカ合衆国の大統領選挙は、ある州で最大数の投票を得た人が、その州の選挙人のすべてを獲得するというシステムになっている。

二〇〇〇年の大統領選挙では、当初民主党のゴア副大統領がフロリダ州で当選確実と報道されたが、共和党候補のジョージ・W・ブッシュが当選となった。僅差であったためゴア候補がその結果に異議を唱え、投票用紙の再集計が認められた。しかし、連邦最高裁判所で再集計の停止が決定され、ブッシュが最終的に大統領に選出されることとなった（なお、再集計の対象とされた選挙区での投票方法は、手でパンチマークをする方式が用いられていた）。

二〇一六年の大統領選挙では、従来民主党の票田であったミシガン、ウィスコンシン、ペンシルヴァニアの三州で、共和党のドナルド・トランプ候補が最大数を獲得してこれらの州の選挙人を獲得し、当選に至った。全国の得票数の単純集計では、（二〇〇〇年のゴア候補の場合と同様に）民主党のヒラリー・クリントン候補のほうが得票が多かった。二つの州では、電子投票の方式と手でマークする投票方式とが併用されていた。二つの方式による得票率を比較したところ、民主党のクリントン候補に関して、電子投票のほうが手でマークする投票方式よりも、得票率が低くなっていると、その不自然さを指摘する者もいた。投票に関して第三国からのハッキングが試みられていたことがアメリカ合衆国の政府機関によっても発表された。クリントン、トランプとは異なる候補者である緑の党の党首から再集計の必要性が提唱され、短期間に申請のために必要な数百万ドルの資金が集まり、再集計の申請がなされた。他方で、選挙で当選したが、投票総数ではクリントン候補よりも獲得数が少なかったトランプ大統領からも、数百万票におよぶ不正投票が行われたとの考えが示された。

（3）二〇〇三年の宮城県の選挙区で二名の民主党の候補者の組織的選挙運動管理者に利益誘導罪の判決が下され、連座制が適用されて候補者の当選が無効とされた。

（4）鹿児島地方裁判所　平成一九年二月二三日判決　平成一五年（わ）第二一七号　公職選挙法違反被告事件。

（5）福岡地方裁判所　平成二〇年三月一八日判決、平成一九年（わ）第一二三二号　特別公務員暴行陵虐事件。判決文に仮名の記号が用いられていて、読者には意味が分かりにくいかもしれないので、説明を補足しておきたい。Aは被告人の名前、Bは父親の名前、Cは孫の名前である。

例えば容疑者の名前が次郎だとして、父親の名前が太郎だとすると、警部補は容疑者の次郎に対して、父親の太郎がこのように言っているとして、「次郎、お前をこんな人間に育てた覚えはない。太郎」と代筆して紙に書き、それを次郎に足で踏ませて、精神的に追い詰めるなどして自供を得ようとしたということである。

（6）鹿児島地方裁判所　平成二七年五月一五日民事第二部判決　平成一九年（ワ）第一〇九三号　国家賠償請求事件。なお、この判決文で、P1からP12までは検事、副検事および警部補らの氏名を仮名にしたものである。

（7）アメリカ合衆国では、検事局（検察庁）のトップの地位は、正確には単純に「検事」であり、その他の検察官は「副検事」である。ただし、誤解を避けるために、本書では、いささか物々しいが「検事総長」の呼称を用いることとしたい。「検事総長」は住民の選挙によって選ばれることが多い。

（8）これも政治家の犯罪の構築のされかたの一つの特徴ということができるかもしれない。Holmes, Leslie, *Corruption: A very short introduction*, Oxford University Press, 2015, pp.66-68. "Social construction of corruption."

（9）山本譲司『獄窓記』ポプラ社、二〇〇三年、一七五―一七九頁。本書では紹介しないが、知的障害の受刑者どうしの非常に印象に残る会話も記されている。

（10）筆者は閲覧してはいないが、この事件については担当した郷原信郎弁護士が、自己のホームページに弁護側の最終弁論を含めた資料を掲載しているとのことである。

（11）なお、念のためにつけ加えれば、これまでの記述から明らかなように、市長を被告人とする第一審の裁判の判決では、贈収賄の事実は認定されなかったが、控訴審では認定された。二〇一七年一二月に最高裁で上告が棄却され、懲役一年六月、執行猶予三年、追徴金三〇万円の判決が確定した。

（12）小林照幸『政治家やめます。ある自民党代議士の十年間』毎日新聞社、二〇〇一年、八九、九三頁。なおこの国会議員は、昨日まで敵として激しく批判しあっていた政党と突然連立を組み、昨日の敵を今日の味方にしてあまりにも無節操で選挙民に対して説明ができず責任が取れないとして国会議員を辞職した人である。

この本には赤裸々な告白が盛り込まれているため、引用するにあたって実名を仮名に変えた。

（13）江副浩正『リクルート事件・江副浩正の真実』中央公論新社、二〇〇九年、一三三―一三四頁。当初、検察官が発した言葉が記述されている部分をそのまま引用することを考えていたが、それらの言葉は聞くに堪えないもので、検察官のイメージが非常に悪くなる可能性があり、そのことはこの本の趣旨ではないため、差し控えることとした。

（14） さらに、リチャード・ミッチェル（Richard H.Mitchell）が指摘するように、当初より脆弱な証拠しかなかったところ、もし検察官がGHQの芦田内閣を崩壊させようという意向を深読みしたことによって、芦田元首相の逮捕が行われたとするならば、なおさら精査が必要であろう（Richard H. Mitchell, *Political Bribery in Japan*, University of Hawaii Press, p. 101, 1996.）。

終章　明日への希望を託して

第1節　レイブリングとトレードオフ

三〇余年にわたって逸脱行動、犯罪、少年非行、社会問題、刑事政策を研究してきて、今までに気がついたことがいくつかある。それらをまとめて帰納的に考察した結果として、法則としてあえて三つほどを提示しよう。ただ、ここでこれを示すのは、研究の理論的視座や発想の素朴な舞台裏を見せるようなものであり、その内容もあまりにも単純化しすぎたきらいがある。しかし、個別のテーマや現象を考察する場合には、様々な他の要素についても検討していることを留保した上で、読者の将来へ夢を託して、あえて開示し記述することとしたい。

第一はトレードオフの法則である[1]。

きわめて当然のことであるが、物事にはプラスの面とマイナスの面がある。プラスの面のみが存在しマイナスの面がないという物も現象も、そして制度も変革も存在しない。

私たちは、プラスの面とマイナスの面の両方を考量して冷静に評価する必要がある。その上で、ある政策を採用したり、法律や制度を変革する場合には、ある（価値を含む）観点から比較考量して選択することになる。何かを得れば、何かを失う。何かを選べば、別のものをあきらめるほかない。採用された政策や、改変された法律や制度が必ずしも好ましいものとは限らないし、別の観点から見たならば正しいものとはいえない。

ただ、その前に、日常生活で一般的に頻繁に用いられ、社会科学にも関係する用語で、とりわけ気になっている言葉が二つある。一つは「終戦」、もう一つは「改正」である。それが八月一五日か、それとは異なる日なのかは別にして、私たちは「終戦記念日」と呼んではばからない。しかし。明らかに「終戦」ではなく「敗戦」であり「敗戦記念日」である。単純に戦争が終わった日ではない。アジア大陸や太平洋の島々において戦場や一般の人々が住んでいながら戦場とされた土地で、多くの住民や兵士の命が失われた。明確な命令があったかなかったかは別として、住民が戦闘に巻き込まれて軍に協力して死を遂げた沖縄での戦闘はいうに及ばず、サイパン島などで断崖絶壁から深い淵へと身を投じる女性の姿も映像として残されている。三月八日の東京をはじめとする都市で空襲によって非戦闘員である多くの住民の命が奪われた（Errol Morris, dir., *The Fog of War: Eleven lessons from the life of Robert S. McNamara*, 2003.）。原子爆弾が広島と長崎に落とされて何十万人もの人命が失われたが、京都、新潟、横浜、名古屋、大阪、神戸、熊本などいずれの都市に投下されていたとしても不思議ではなかった。プルトニウム爆弾の第一投下候補の小倉がたまたま前日の空襲による延焼が続いていて標的が確認できなかったため、B29は長崎へと回った。もし小倉に原爆が投下されていればわたしもこの世に生を受けることはなかったであろう。

多大な犠牲を伴った戦争の敗北を受け入れた。戦勝国であるならばともかく、敗戦国でありながら、「終戦」と呼ぶ——あえてもっとはっきりと言うならば——「終戦」と言いくるめてしまうのは、問題があるように思われる。太平洋戦争の敗北による終結が、「敗戦」と明確に発音され記述されていたら、「敗戦後/戦後」の日本の歴史も異なったものになっていたかもしれない。

このように、実はトレードオフの法則以前に、物事や現象に対する命名のしかた、名づけ、レイブリング、レッテル貼りが、認識のされかたや、論理の展開、推論のされかたの枠組みを提供し、大きな影響を与えている。たとえば“revision of juvenile law”は直訳すれば「少年法改定」または「少年法改訂」であって、そこには正しいという意味は原義的に含まれていない（アメリカ合衆国で「revisionist」と呼ばれたら、正しい方向へ改正した高く評価される人ではなく、歴史的事実を否定し歴史を歪曲する不届き千万な輩で不誠実な人間ということになる）。

戦前（あるいは敗戦前）の一九二五年に制定された治安維持法も、一九四一年に最高刑として死刑を含むものへと「改正」された。

法律が正しい方向へ改正されたのか疑問を呈する研究者は、例えば「少年法改『正』」とわざわざカッコを付けて記載することになる。「改正」ではなくニュートラルな単に事実を記述する、本来的な意味の「改定」という言葉が用いられ、慣用化されてさえいれば、煩雑な手間をかける必要もなくなるであろう。

法律や制度が改定されるにあたっては、世論が盛り上がり、社会の要請をうけて、議会で法律を改める形で法案が可決されることが多い。世論が盛り上がるようにマスメディアによってキャンペーンが行われて誘導されることがしばしば見られる。その際には、それが改正（実は改定）されることによって生じるマイナス面、弊害について冷静に指摘が行われることが少ないように思われる。

重大犯罪、たとえば殺人や強盗致死に関する公訴時効は、二〇〇五年に従来の一五年から二五年になったのち、二〇一〇年には廃止された。強制わいせつ致死なども従来の一〇年から一五年に変更されたのち三〇年に、傷害致死なども七年から一〇年に変更されたのち二〇年に改められた。改定にあたっては、捜査を担当する実務家および公訴を担当する部局や機関から、さまざまな指摘と意見が出された（拙著『再検証　犯罪被害者とその支援』昭和堂、二〇一〇年、九―一〇頁）。

一見したところでは非常に望ましいことに思われる法律の改定であっても、必ずしもプラスの面ばかりではなくマイナスの面を持っていたり、コストに見合った実質的効果がもたらされる可能性が少ないと考えられるようなものもある。

「法改正」などの場合には、「改正」されることによってもたらされる利点のみが強調される傾向があるが、あらゆることはプラスとマイナスの両方の面を持っているのであって、「改正」されたからといって、それが必ずしも正しい方向へ進歩したり、それによって必ずしも当初目的としたことの確保がよりなされるようになったとは限らない。弊害のほうが大きかったりする場合もあることが理解されるべきだといってよいだろう。

第2節　ターゲットの創出・予算と定員の確保

非常にまれなケースではあるが、民間のボランティアである消防団員の人で、自ら放火する人がいる。消火活動時の充実感を味わいたい、自分の頭脳にインプリントされた消火活動時の生き生きと活動している姿の自分を実現したいというのが主要な動機のようである。

そうした動機とは異なるが、自らの組織の活動を維持するために、あるいは自らの組織の存続を維持するために問題を作り出したり、問題発生の根本的原因の解消に取り組まなかったりしている姿はしばしば見受けられる。それが意図的に行われているのか、無意図的に旧来から受け継いできた伝統として行っているのかは問わないにしてもである。

これは、行政の場においても、企業活動全体としてもある。営利活動の場合は、利益を得ることが目的であったり、結果的に利益がもたらされるという構造になっている。

日本人にとっては海の向こうの例を取り上げれば――ただし、最近は対岸の火事とばかりは言っていられないのかもしれないが――アメリカ合衆国では、肥満で、糖尿病になっている人が多い。

ファーストフードの店やカジュアルなレストランでハンバーガーを注文すると、ハンバーグやその他の具を入れる場所が二か所になっていて、日本のハンバーガーの三倍以上の高さがあるハンバーガーが出てきたりする。さらにハンバーガーには油で揚げたフライドポテトが付き物だ。「コンボ」と呼ばれることが多いセットを注文すれば、さらに大きなカップに入った清涼飲料水が出てくる。こうしたものを毎日といわず、隔日あるいは三日に一度でも食べていたら、コレステロール、脂肪分、糖分等の栄養の摂取過多で肥満にならないわけはないと思われる。肥満が多ければ、ダイエットのための商品やプログラムが売れる。製薬会社は糖尿病の治療薬が売れ、医療機器メーカーは人工透析器を売り、収入が得られる。

資本家や投資会社は（一般の人々に大量の食物を売り、次に医療品等を売ることによって）二重に儲けている。栄養過多にならない摂食習慣を幼児期から涵養するとともに、ファーストフード店やレストランでの食事の提供を工夫することによって、この問題の解決がはかれるように思うのだが……。

その国に合法的な支配が行き届いているならば、社会統制の「最後の砦」は狭い意味での司法機関、すなわち裁判所ということになる。ただし、司法はそれを人々が正統なものとして位置づけてそれを尊重する限りにおいて、パワーを持つ。しかし、もし合法的な支配が行われなかった場合の、社会統制の最後の「砦?」――というよりも最強の機関――は軍または武力である。したがって、例えば、一九八〇年代に中国において経済開放を進めた鄧小平は中国共産党中央軍事委員会主席の職だけは終世手放すことはなかった。アメリカ合衆国連邦政府の大統領はアメリカ軍の最高司令官となっている。軍が自らを存続させるために最も必要なのは、他ならぬ敵の存在である。現状を維持するため、装備を拡張するため、そのための予算を獲得し、増額するためにも敵を必要とする。敵がいなければ、潜在的な敵なり潜在的な脅威を探し出したり、作り出したりする必要がある。挑発行動を行うかもしれないし、謀略も行うかもしれない。もし敵を打破してしまったならば、新たなターゲットを定める必要がある。同様のことは、軍と密接な関係を持つ諜報機関についても該当する。

以下の出来事についての歴史的事実の判断はなされていると思われるので、例として述べれば、世界経済大恐慌の二年後の一九三一年九月一八日、中国の東北部瀋陽郊外の関東軍は柳条湖事件を起こし、それを中国の軍によるものとした。

軍やそれに付随した機関は相手を打ち負かし、戦いに最終的に勝利した側であったとしても、勝利の直後に最大の危機を迎える（同様のことは社会運動についても言うことができる。社会運動も目標を達成し、いままでの粉骨砕身してきた努力が報われた直後に、目標を喪失するとともに運動の推進者の凝集性、参加者への動員力と吸引力が失われ、危機を迎える）。アメリカ合衆国のＣＩＡはソビエト連邦の国家政治体制が崩壊したのち、経済活動におけるアメリカ合衆国の利益を守ることを目的として掲げ、日本をターゲットとして措定した（Lawrence T. Nichols, "Cold Wars Evil Empires Treacherous Japanese Effects of International Context on Problem Construction," Best, Joel ed. *Images of Issues: Typifying Contemporary Social Problems and Social Issues*, Transaction Publishers, 1995.）。

公安調査庁は破壊活動防止法の適用の可能性がある新左翼や過激派と呼ばれた集団に対する情報収集活動を行っていたが、これらの運動は一九七〇年代後半から衰微し、連合赤軍事件で民衆の支持を失い、その後国際テロ事件を起こしたものの、ほとんど終息状態となった。ターゲットを失った公安調査庁は、ＣＩＡを参考として国際情報機関として維持する方策が模索された。ところが一九九五年、オウム真理教による地下鉄サリン事件が発生し、オウム真理教が「無差別大量殺人行為を行った団体の規制に関する法律」によって対象団体として指定されたことから新たな仕事を得ることとなった。

わたしの個人的見解としては、グローバリゼーションが進み、多国籍企業が各国の法律が及ばない領域や国際条約が未整備なところで、日本の国益を損なったり、日本の国民や住民の利益に背く経済活動を行ったりしている状況において、国際的な情報収集活動こそ、まさしく求められている最重要課題だと思われるが、もはやそうした職務を担うという話は聞いたことがない。

国民や人々にサービスを提供する機関が新しいサービスを開始したときは、基本的に三つの類型がある。第一は、国民や住民からそのサービスが強く要請されるために提供を開始する場合である。第二は、自らの組織の予算と定員を増大させるためである。これらの場合は、それ以前に、そのことを新たに開始するそれへの対応の必要性が根拠とされる。新たに端緒がうかがわれる問題を指摘して、ためにに必要とされる費用や人員の手当てなどに対する予算措置が得られてからの場合が多い。第三のケースは、従来サービスを提供してきた対象者が減少し、予算と人員を削減されることが予想されることから、現状の予算と人員を維持するための方策として新機軸が打ち出される場合である。

第三のケースの場合、社会統制機関がそれを打ち出したときには、クライアント自身にとって例えば社会へ再適応するための能力が涵養されたり技能が養成されたりする場合ももちろんある。しかし、逆に、以前であれば社会統制機関の介入を受けることがなかったり、自由を束縛されたりすることはなかったにもかかわらず、政令、省令や通達等の変更によって制度や組織の改編が行われ、社会統制機関がより積極的に介入するようになって、非行少年や犯罪者として扱われたり、レッテルを貼られて登録されたり、反則金や罰金の支払い義務を負わされたり、自由を束縛されたり、身柄を拘束されるようなことが起こらないとは限らないし、第二次世界大戦後から現在に至る社会統制機関の歴史において実際にそうしたことが起きなかったわけではない。

こうした第三のケースを観察していて非常に興味深いのは、国民や住民は行政機関の真の意図を見抜くことなく、そうした「新たなサービス」の提供の開始に対して非常に好意的だということである。大歓迎され、多大な謝意が表明されることもある。

さらに、近年は、国家が財政難に直面していて、財務省によって予算請求が厳しく査定されるようになってきている。このため、新たな第四の類型が出現しているように見受けられる。

それは、従来から行われていて実績を上げている非常に重要な制度が、あまりにも基本的すぎて非常に地味であり、効果の測定が容易ではなかったり、当該分野について素人である財務省の担当者の理解が得られにくいと考えられるような場合、社会的にアピールし、人々の注目を集めて、期待感が得られやすい「斬新な」企画を提案し、改変を行おうとしたりする傾向がみられるようになってきたことである。これとても、結局は予算獲得というか予算を削減されないための手段ということになるのだけれども。

いずれにしても、専門家の観点からすると、変えさえすればいい、新規性を打ち出しさえすればいいということで、新たな制度や施策が提案され設けられる傾向が出現してきている（是非とも、それらが「新規性」ならぬ「新奇性」に陥らないことを祈りたい）。肝心要の幹を捨てて、枝葉だけ見事に見せようとしているとしか思えない。そのようなことをすれば結局は木を枯らしてしまうだけなのにとしか思われないことが出現するようになってきている。

以上、社会統制機関を含む行政機関のサバイバル策について検討してきた。ただ、わが国の公務員の名誉のために、一つだけ確認しておきたいのは、人々によって一般的に信じられているのとは異なり、日本の国家公務員および地方自治体の公務員の数は人口比で見ると、先進国、とりわけヨーロッパ諸国よりもはるかに少ないということである。

いずれにしても、新たなサービスが開始されたり、されようとしているときには、わたしたちはその目的を精査するとともに、無尽蔵にあるわけではない、わたしたちが支払っている貴重な税金の使われかたにより厳しい眼を持って臨むべきであるということには変わりがないように思われる。(2)

第3節　逸脱行動・社会問題モデルの適用

一九八〇年代、訪れた南米ボリビアのチチカカ湖の畔の高級ホテルで、ディナーを食べる機会があった。美しい風景とともに、西洋式の正式なフルコースの美味なディナーを味わった。支払った料金はアメリカ・ドルで一ドル数十セントであった。数ドルを換金すると、ボリビアの紙幣の札束がテーブルの上にうずたかく積まれた。

わが国には、すでに九三二兆円に及ぶ国債の発行残高があり、低金利の下においても毎年二三兆円の国債の償還と借り延べのための利子を支払わなければならない。二〇一三年から、さらに国債を発行し、それを市中銀行をいったん経由させて実質的には日銀へ引き受けさせて、日本円の大量発行が行われた。その額は、毎年八〇兆円で、二〇一五年までの三年間にかけてだけでも二四〇兆円に及ぶ。それまでの日銀のマネタリーベースが一二〇兆円であったところ、二〇一五年には三六〇兆円へと一気に増大された。

これが、アメリカ合衆国の連邦準備銀行がＱＥ（量的緩和、quantitative easiness）を行っていることにならったものか、アメリカ合衆国の要請を受けて行われているのかは不明だが、両国の金融政策は似ているように見えても、国際的な基軸通貨となっているアメリカ合衆国ドルと、基軸通貨ではない日本円とは全く性質が異なり、ＱＥによる貨幣価値の影響は必ずや現れる。

二〇一三年以来、二％のインフレターゲットを定めて量的緩和を行っているとのことであるが、経済成長にともなう物価上昇であれば納得も行くが、給与所得者の所得は増えないどころか、旧来の終身雇用の制度が崩れ、雇用形態が契約社員、派遣社員、アルバイトなどと不安定化し、収入も減少し、年金の積み立てはもとより、雇用保険、健康保険等の社会保険等の継続も危うい状態となっている。

発行された貨幣は、従来ながらの公共事業に回されるほかは、企業の設備投資にも回らず、内需は拡大せず、実質的な経済成長はもたらされず、東京証券取引所に上場されている企業の自社株の購入に回されてしまい、日経平均の株価が上昇しただけで、景気は回復せず、国民生活は豊かになっていない。

日本は、人口減の少子高齢化社会になっており、通常の内需拡大は望めない。すでに伸びしろはなくなっているにもかかわらず、根拠もなくあたかも国内成長が望めるかの如くにして、財政出動をしてしまった。

現在の日本の財政状況を、逸脱行動研究のモデルを用いるならば、日本の財政は「依存状態」に陥っていると理解することが可能である。借金という薬物への依存状態である。

薬物依存状態を抜け出すことができないで、借金に借金を重ねている。薬物が切れれば、禁断症状が現れる。禁断症状を避けるために、薬物摂取を続けたほうが楽である(3)。依存から脱するためには、たいへんな決断力を必要とする、さらにそれを継続するためには強い持続的な意志を持ち続ける必要がある。

薬物の摂取を中断すれば離脱症状が出る。依存度が非常に高い場合には、たとえ過酷な離脱症状を呈してでも薬物依存から抜け出したければ、隔離施設に収容され、過酷な禁断症状に耐え、自らの身体をクリーンにし、その後、継続的に自ら絶対に薬物を摂取しないためにナーカティックス・アノニマス（NA）やアルコホーリック・アノニマス（AA）の集会に出席したり、仕事が終わって同僚たちが居酒屋へ行って、その日の仕事の息抜きをして、互いに労をねぎらったり、上司の愚痴をこぼしたりする時間帯には、それに誘われていってしまわないために夕方の禁酒会に出席することによって、酒席に出る機会を自ら奪うほかない。断酒会でも、NAでもどれほど自らが誘惑に無抵抗な状態であったのか、薬物やアルコールのためにどのような不都合なことが起きていたのか、どのような失敗を行ったのかなどを語り合うことによって、互いに励ましあって、過去の生活習慣を克服していく。

離脱症状の苦しみを味わうことを避けるためには、薬物を摂取し続けて行くほうが楽である。依存が亢進し、薬物の同じ量によってはもはや同じ効果を得られなくなり、摂取量が増加していく。同じ額を借り続けているわけにはいかない、借り入れ以外に利子がある。借りたものはいったん返済し借り換えする必要がある。借金の額は雪だるま式に増えていく。

薬物の濫用を続ければ、最終的に通常の生活を送ることが不可能になる。身体と異なり、社会現象の場合は警戒信号が見分けにくいように思われるかもしれないが、収入のうちで通常の社会生活のために支出できる額が大幅に減少し、借金の返済のために借金を重ねることとなり、社会が機能不全に陥り限界が来る。

とりわけ二〇一〇年代中旬以降、依存性薬物の摂取量を減らしていかなければならないところ、逆に、さらに薬物の使用量を増やし、わざわざ大量摂取することまでしてしまい、耐性は大幅に上がってしまった。

依存の早期の段階で薬物摂取を辞めた場合は、離脱症状も軽くてすみ、通常の生活を送りながら立ち直っていくことが可能であるが、大量摂取者となった後は、そのような訳にはいかず、強烈な離脱症状を克服する覚悟をもって、自らを破滅から救出するほかはない。

日本の財政状況を、社会問題のモデルを用いるならば、まさしく端的にサラ金地獄、サラ金からの多重債務者、債務超過者の状態にあるといってよいだろう。財務省が作成してアップしている短い動画によれば、家計に例えると、家計収入が三〇万円と想定した場合、三八万円もの支出を伴う生活をしており、しかも借入金の六割以上は借金の返済に回っており、生活のために支出できる額は少なくなってきている。したがってさらに借金をして生活費を捻出しなければならず、多額の借金をしてもそのなかから生活に回せる額は少ないため、そのためにさらに借金を重ねるという悪循環に陥っており、年末のローンの残高は五三七九万円になっているという[4]。このような放蕩生活が長く続くとは期待できない。現在、公定歩合がほとんどゼロに近いので、この額で済んでいるが、もし実際にサラ金から借りたとしたならば、低金利の現在でも法定利息は年利一八%近くまで可能となっているため、こんな少額の利息の支払いでは済まない。

完全に孤立した一国の単独経済であり、貸主が気前良くどれだけでも貸してくれて、返済請求もしないというのであれば、危機に陥ることを順延できるかもしれない。しばしば日本の国債は外国の銀行に買われているのではなく、日本国内の銀行が引き受けているので大丈夫だという意見が聞かれるが、日本の国内銀行はすでに外国資本の手に渡ってしまっている。国債を引き受ける主要銀行の主要株主は外国人と外国企業となっている。すでにＡ１（ムーディーズ）、Ａ＋（Ｓ＆Ｐ）の下落したランク付けがされている日本の国債が国際的に売られたならば、暴落を起こすことは間違いない。

ＥＵでギリシアの財政破綻が問題になったが、これはＥＵのユーロ加入の条件として参加国の国債の発行額はＧＤＰの三％を超えてはならず、累積赤字がＧＤＰの六〇％を超えてはならないと定められているからである。日本の債務残高は二〇一六年ですでにＧＤＰの二・三倍以上になっている。この発行額ではそもそもＥＵのユーロへの加盟は認められないが、加盟していたとしてもとっくに財政破綻している。

ここまで借金をして、返済の見込みが全く立たないことが明らかになったら、国家としては「合法的に」踏み倒すしか手段はないと考える可能性は十分にある。

政府と日銀は二％というインフレターゲットを設けてそれに導こうとしているが、いずれそのような必要はまったくなく、あっという間に二％を超え、大幅なインフレが起こり、それをコントロールできず、二％の何十倍ものあるいは何百倍ものインフレが起こりうる。国債と通貨は暴落し、国家は十分な余裕を持って利子を払うことができる。その段階で国債の所有者は、そんなはした金の利子など受け取ってもしょうがないし、国債自体がタダ同然になっている。

しかし、国際化が進んだ現在の時代においてはそれだけではすまない。そのときは、外国の企業から日本の資産と資本を買いたたかれる。そして、最初の南米のディナーの例に出したように、日本人は、数ドルあるいは数中国元の収入を得るために必死で働くことになるであろう。外国企業が直接支配したり、その傘下に下った企業や、さらにそれらの孫請け以降の会社、影響下にある会社において不安定な雇用形態で下僕のようにかしずき、国際的に見るならばはした金にすぎない額を得るために粉骨砕身する労働をすることになる可能性は高い。それさえも、失業せずにともかく仕事にありついているだけでも幸運という状況であろう。

一般的な社会現象、領域の異なるとされる社会の現象に対して、逸脱行動、社会問題のモデルをあてはめて検討したり、アナロジカルに考察することは、新たな発見と示唆をもたらしてくれる。とりわけ、それが正統性を付与された政府の機関によって行われていたり、人々がそれほど疑問を持たないで受け入れているような社会の現象に関する考察には有益と考えられる。

利益の拡大を義務付けられ、その過多を競って勝敗を決し、サバイバルの可否が決定される最適者の生存というダーウィンの社会進化論の優勝劣敗の法則が貫徹する資本主義社会において、人口減少によって国内市場が成長せずに逼迫し、少子高齢化によって産業の活気を呈することがない日本社会について楽天的な予測をすることはほとんど不可能に思われる。しかし希望への窓は開かれている。

私は、日本のテレビ放送は――自分の研究や仕事と関係のある一部の番組を除いて――ほとんど見ることはないが、ＢＢＣのワールド・ニュースやドキュメンタリー番組を見るのが好きだ。それは、なによりも自分の考えとは異なる見方を提供し、自分の先入観を相対化してくれるからだが、もう一つ理由がある（なお、ＢＢＣの番組もいうまでもなくイギリスの国益が盛り込まれ、それを反映した番組が作られている。ただし、そうした英国の国益が盛り込まれた映像、説明やナレーション――それが、イクスプリシット（明示的）に盛り込まれているのであれインプリシット（暗默裡）に盛り込まれているのであれ――に関しては、外国人である私たちは違和感が自然に湧き、容易に気づいて見抜くことができる）。それは、頻繁に流されるアフリカ、中東、西アジア、アジア諸国のニュースや映像とともに、そこで生活している、さまざまの困難な状況に置かれながらも、眼を輝かせて学ぶ子どもたちの姿が紹介されるからだ。

たとえばＨＩＶポジティブの母親の代わりに、廃品を回収して業者に持っていき、母親と弟たちとの生活収入を得る中心的な働き手となりながら、教科書を見て一生懸命学んでいる一〇代前半の子どもの姿。

イスラム教原理主義といわれるタリバンが支配する地域で、女性への中等教育が否定され規制されているにもかかわらず、命がけで学んでいる少女たち。

アフリカの草原地帯の真ん中で、学校に設置された最新の映像機器によるインターネットを用いた授業に興味津々で、世界のことを知り、将来活躍することを夢見て学んでいる子どもたち。

どれほど貧しくても、どれほど現在の生活が悲惨であっても、どれほど深刻な問題を抱えていようとも、学ぶことを喜びとする子どもたちがいる社会は発展する。

「義務教育」について、それは親や保護者に子どもに学ぶ機会を与える義務を課したものであるにもかかわらず、自らに課せられた義務だと思って、学ぶ意欲もなく成長しようという動機づけもなく学校へ通学しているとしたら、その国には未来があるようには思われない。

アフリカやアジアの国々で、学ぶ喜びに目を輝かせているおおぜいの子どもたちの姿を、わたしたちはいつわが国において見ることができるのであろうか。

〔注〕
（1）あることを得れば、別のことを断念せざるを得ない状態。
（2）わが国の社会統制機関におけるより具体的なターゲットの創出については、詳しく演繹的に述べる必要があるので、稿を改めることとし、いずれ執筆の機会が巡ってくることを祈りたい。
（3）なお、マリファナなど、同じ効果を得るために摂取しなければならない使用量が徐々に上昇する耐性や禁断症状を呈することがないとされる薬物もある。
（4）財務省HP「日本の財政を家計に例えると、借金はいくら?」https://www.mof.go.jp/gallery/201809.html（二〇一八年七月二六日閲覧）。

あとがき――感謝とともに

最初に誤解を解いておく必要があるかもしれません。「はじめに」で、この本を書いて出版するまでは死ねないという思いで書いてきたと記しました。しかし、著者が健康を損ねているということではありません。人生でこの本だけは出しておきたいと思って生きてきたという意味であって、いたって健康であり、引き続き書きたい本が四冊プラス一冊あります。

四冊というのは、刑事政策に関する本、家族研究の本、暖めてきた研究テーマに関する本、そして、この本についても、章の数――すなわちテーマ――を半分に絞り、さらに各章の長さを短縮していますので、続編を出版できる機会に恵まれればと願っています（ウィーンの美術館には、わたしの人生のすべてが集約されている一枚の絵があり、留学中は毎週のように見に行きましたが、普遍性を持った内容の絵なので、是非とも紹介したいと思います）。

プラス一冊というのは、今までに英語の雑誌や本に発表してきた一〇ほどの英語論文をまとめて、英語の本を出版することです（もし、これらの本について関心を持ってくださる編集者のかたや出版社のかたがいらっしゃったならば、お声をかけていただければたいへん幸いに存じます）。

この本はささやかなものですが、今まで人生において出会ったかたがたの心暖かなご助力がなかったならば、とうてい完成には至りませんでした。とりわけ異なる文化と社会の視点から日本をとらえ直すというこの本の試みにあたって、海外での経験――日常生活の経験とともに、他方で、通常では与《あずか》ることができない経験――の機会を与えてくださったかたがたへの感謝を捧げないでは、この本を終えることはできません。

海外の友人で、家に泊めてくださったり招いてくださったりして、日常生活や家族生活をフランクに見せてくださったかたがたにはお礼の申しようもありません。とりわけ四半世紀前に出会い、二〇年以上前のフルブライト研究員としての留学のときも、そして現在の留学でもお世話になっているジョエル・ベスト・デラウェア大学教授とジョーンご夫妻です（Professor Joel and Mrs. Joan Best）。ジョーンさんはお会いするたびに、息子さんがまだ小さな子どもだったときに、いい方向へ運命を変えてくれたと言ってくださいますが、私もライアン君（Ryan）のジューン・ブライドとの結婚式に出席したり、エリック君（Eric）の見事な成長を見ることがなかったら、第一章を自信を持って書くことはできなかったと思います。ジェームズ・ホルスタイン・マルケット大学教授ご夫妻とご家族（Professor James, Mrs. Suzy, Miss Glenna and Miss Melida Holstein）は、ディスコースばかりではなくアメリカ人の家庭生活を経験させてくださいました。

スウェーデンを訪ねるたびに自宅へ泊めてくださったハンス・フォン・ホファー・ストックホルム大学教授（Professor Hanns von Hofer）。海辺とさわやかな木もれ陽のサマーハウスでの生活を幾度も味わわせてくださったペーター・イェルマン、アキシアンご夫妻（Mr. Peter and Mrs. Axianne Gerdman)。週末ごとに森の散歩に連れて行ってくださり、おいしいディナーをご馳走してくださったクヌート・スヴェリ・ストックホルム大学名誉教授とブリットご夫妻（Professor Knut and Mrs. Britt Sveri）。

ケンブリッジ大学犯罪学研究所で新たな気づきを与えてくださるとともに、幾度となくカレッジでのディナーに招いてくださり、数百年前の古式豊かなアカデミーの世界へタイムスリップさせてくださるロレーン・ゲストホープ・ケンブリッジ大学教授（Professor Loraine Gelsthorpe）。キリスト教への理解を深めてくださったり、刑務所の教誨師へのインタヴューをアレンジしてくださった、牧師の娘であるマリア・ミゼン、アンソニーご夫妻（Mr. Anthony and Mrs. Maria Mizen）。

ウィーン大学留学にあたって暖かく迎えてくださるとともに、旧ユーゴスラビア戦犯法廷の判事も務められていたご経験から、国際刑事司法と人権へ導いてくださったフランク・ヘップフェル・ウィーン大学教授とそのご家族（Professor Frank, Mrs. Dagmar, Mr. Marian, Miss Mona, Mr. Emil and Miss Enea Höpfel）。オーストリアの刑事司法の実務の世界を垣間見させてくださるフリードリヒ・フォルストフーバー・ウィーン刑事裁判所長（President Friedrich Forsthuber）。それまで未知の世界であったアフリカとイスラム教の世界について、楽しいひとときとともに正確な知識を提供してくださるハディ・エル・トンシ元エジプト大使（Embassador Hadi El-Tonsi）。

ルント大学のオルネ・クリスチャンセン先生（Dr. Arne Kristiansen）、ゲイル・ミラー・マルケット大学名誉教授（Professor Gale Miller）。この本の執筆にあたってお世話になり、お礼を申し上げるべき国内外のかたがたがまだ多くいらっしゃいますが、改めて記す機会が訪れることを楽しみにして、ここでとどめたいと思います。また、この中には永い眠りにつかれたかたがいらっしゃいますが、私のなかで鮮やかに生き続けておられますので、そのまま記させていただきました。この本が少しでも人生において出会いお世話になったかたがたへのご恩返しになることと読者に新しい視点を提供できることを心から願って、感謝とともに捧げたいと思います。

二〇一六年九月

アメリカ合衆国デラウェア州にて秋の訪れを感じながら

鮎川潤

［重版にあたっての追記］

第二章第二節に加筆訂正を行った。刑法が改正されて強制性交等の規定が設けられ、二〇一七年七月から施行されたので、用語の修正を行うとともに、『犯罪白書』などに基づいて、本文中の統計数値を可能な限り最新のものに変更した。

（二〇一八年一一月）

参考文献（本文と注で引用したり言及したものを除く）

井出孫六『抵抗の新聞人　桐生悠々』岩波新書、一九八〇年。

太田雅夫編　桐生悠々著『思い出るまま』新版、新泉社、一九九一年。

加藤哲郎、伊藤晃、井上學編　『社会運動の昭和史　語られざる深層』白順社、二〇〇六年。

桐生悠々『畜生道の地球』中公文庫、一九八九年。

検察庁「いわゆる氷見事件及び志布志事件における捜査・公判活動の問題点等について」平成一九年八月。

『刑事弁護』、第五四号、二〇〇八年。

郷原信郎『検察の正義』筑摩新書、二〇〇九年。

郷原信郎『検察崩壊：失われた正義』毎日新聞社、二〇一二年。

澤田東洋男『汚れた法衣：ドキュメント司法記者』現代評論社、一九八四年。

澤田東洋男『検察を斬る：検察百年の派閥と人脈』図書出版社、一九八八年。

バラ・マカルピン宣教記念誌発刊編集委員会　『日本伝道百年史』つのぶえ社、一九七八年。

本山美彦　『売られ続ける日本、買い漁るアメリカ』ビジネス社、二〇〇六年。

守屋克彦「志布志事件に関する最高検察庁の報告書について」『刑事弁護』、第五四号、二〇〇八年。

守屋克彦編著『日本国憲法と裁判官：戦後司法の証言とよりよき司法への提言』日本評論社、二〇一〇年。

湯沢雍彦『データで読む家族問題』日本放送出版協会、二〇〇三年。

Ayukawa, Jun. "Claims-Making and Human Rights in Domestic and International Spheres," Qualitative Sociology Review, Vol. XI, Issue 2, pp. 110–121, 2015.

Best, Joel, *Social Problems*, W. W. Norton, 2007 (3rd ed. 2017).

Deneault, Alain, *Offshore: Paradis fiscaux et souveraneté criminalle*, La Fabrique Éditions, 2010. *Offshore: Tax havens and the rule of global crime*, translated by George Holoch, New Press, 2011.

Fichtelberg, Aaron, "Adjudicating International Crimes", in Reichel, Philip, and Jay Albanese, eds., *Handbook of Transnational Crime and Justice*, 2nd ed., Sage, 2014.

Heidenheimer, Arnold J. and Michael Johnston eds. *Political Corruption: Concepts and Contexts*, 3rd ed., Transaction Publishers, 2002.

Hochschild, Adam, *King Leopold's Ghost, A Story of greed, terror, and heroism in colonial Africa*, Houghton Mifflin Company, 1998.

International Covenant on Civil and Political Rights, *Yearbook of the Human Rights Committee*, 1981–1982., vol. 1., Summary records of the meetings of the eleventh to the sixteenth sessions, (20 October 1980–30 July 1982), United Nations, 319th Meeting Consideration of reports submitted by States parties under article 40 of the Covenant, Japan (CCPR/C/10/Add.1), pp. 114–200, 320th Meeting, Consideration of reports submitted by States parties under article 40 of the Covenant, Japan (continued) (CCPR/C/10/Add.1), pp. 200–204.

Roach, Steven C. "Minority Rights and an Emergent International Right to Autonomy: A Historical and normative assessment", *International Journal on Minority and Group Rights*, Vol. 11, pp. 411–432, 2004.

Rothstein, Bo, ed., *Political Corruption*, Edward Edgar Publishing, 2015.

von Hofer, Hanns. *Brott och Straff i Sverige: Historisk Kriminalstatistik 1750–2005*, Kriminologiska Institutionen, Stockholms Universitet, 2008.

Warrack, John and Ewan West, eds., *The Oxford Dictionary of Opera*, The Oxford University Press, 1992.

Consideration of reports submitted by States parties under article 40 of the Covenant, Japan (CCPR/C/10/Add.1). 20 October 1981. *Yearbook of the Human Rights Committee 1981–1982* Volume 1. International covenant on civil and political rights, Summery records of the meetings of the eleventh to the sixteenth sessions (20 October 1980–30 July 1982) United Nations.

『犯罪白書』および『矯正統計年報』各年版。

Playbill などミュージカルのプログラムやオペラのプログラム。

『中日新聞』をはじめとする新聞の記事およびデータベース。

Charles L. Kades, "Making the Japanese Constitution: Col. Kades interviewed by Prof. Haley," the video produced by the Henry M. Jackson School of International Studies at the University of Washington. https://www.youtube.com/watch?v=jnzOU4sf3Ms, 二〇一八年一一月九日確認。

Beate Sirota Gordon, "The Only Woman in the Room," a member of the Japan Society New York speaks at Middlebury College.
https://www.youtube.com/watch?v=TceZiTqyZXI, 二〇一八年一二月九日確認、等。

International Criminal Court のホームページに掲載されている情報。

「人口動態統計」などのインターネット上で公開されている政府機関の統計。

Wikipedia

など。

■著者略歴

鮎川　潤（あゆかわ・じゅん）

現職

関西学院大学法学部教授、博士（人間科学）。
犯罪・少年非行、刑事政策、逸脱行動・社会問題などを研究。
保護司、学校法人評議員、更生保護法人評議員、少年院視察委員会委員。

経歴

1952年３月　愛知県に生まれる。東京大学卒業、大阪大学大学院人間科学研究科後期博士課程中途退学。
松山商科大学（現　松山大学）、金城学院大学を経て、2004年から関西学院大学。
スウェーデン国立犯罪防止委員会、南イリノイ大学カーボンデール校フルブライト研究員、ケンブリッジ大学、ウィーン大学およびデラウェア大学の客員研究員。中国吉林大学と蘇州大学への派遣教授。
法務省法務総合研究所研究評価検討委員会委員、地方自治体選挙管理委員会委員、放送大学客員教授、家庭裁判所調査官研修所の講師、日本犯罪社会学会、日本教育社会学会、日本社会病理学会、関西社会学会の理事などを務めた。

単著

『少年非行　社会はどう処遇しているか』（左右社、2014年）、『再検証 犯罪被害者とその支援』（昭和堂、2010年）、『少年犯罪』（平凡社新書、2001年）、『犯罪学入門』（講談社現代新書、1997年）、『新版　少年非行の社会学』（世界思想社、2002・1994年）。

編著

『新訂　逸脱行動論』放送大学教育振興会、2006年。

監修

『戦前期少年犯罪基本文献集』日本図書センター、2009-2012年。

論文

“The Construction of Juvenile Delinquency as a Social Problem in Post World War II Japan,” *Perspectives on Social Problems*, Vol.7, 1995. “Claims-Making and Human Rights in Domestic and International Spheres,” *Qualitative Sociology Review*, Vol.11, No.2, 2015. 他。

新しい視点で考える犯罪と刑事政策――国際的・比較文化的アプローチ

2017年３月30日　初版第１刷発行
2019年１月25日　初版第２刷発行

著　者　鮎　川　　潤
発行者　杉　田　啓　三
〒607-8494　京都市山科区日ノ岡堤谷町3-1
発行所　株式会社　昭和堂
振替口座　01060-5-9347
TEL（075）502-7500　FAX（075）502-7501

印刷所　亜細亜印刷

ISBN978-4-8122-1615-6